C.H.BECK ◨ WISSEN

in der Beck'schen Reihe

Der vorliegende Band beschreibt Entstehung, Aufstieg und Niedergang der Samurai über einen Zeitraum von mehr als tausend Jahren. Er erzählt die Geschichte des legendären Kriegerstandes im Spiegel der politischen Sozial- und Kulturgeschichte Japans. Dabei wird der Bogen von den frühen Kriegern des 5./6. Jahrhunderts bis zur formellen Abschaffung der Samurai als sozialer Stand nach der Meiji-Restauration von 1868 gespannt. Auch nach der Auflösung der Samurai als Herrschaftsstand lebt die ältere Ideologie des *bushidô* («Der Weg des Kriegers») in Politik und Wirtschaft des modernen Japan fort.

Wolfgang Schwentker ist Professor für vergleichende Kulturgeschichte an der Universität Osaka. Veröffentlichungen u. a.: *Max Weber in Japan. Eine Untersuchung zur Wirkungsgeschichte, 1905–1995* (1998); *Die vormoderne Stadt. Asien und Europa im Vergleich* (Mithrsg. 2002).

Wolfgang Schwentker

DIE SAMURAI

Verlag C. H. Beck

Mit 3 Abbildungen und 3 Karten

2. Auflage. 2004

Originalausgabe
© Verlag C. H. Beck oHG, München 2003
Gesamtherstellung: Druckerei C. H. Beck, Nördlingen
Umschlagbild: Samurai, Farbholzschnitt, © AKG/Werner Forman
Umschlagentwurf: Uwe Göbel, München
Printed in Germany
ISBN 3 406 47988 x

www.beck.de

Inhalt

Vorwort

Der vorliegende schmale Band beschreibt Entstehung, Aufstieg und Niedergang des japanischen Kriegerstandes über einen Zeitraum von mehr als tausend Jahren. Er erzählt die Geschichte der Samurai im Spiegel der politischen Sozial- und Kulturgeschichte Japans. Dabei wird der Bogen von den frühen Kriegern des 5./6. Jahrhunderts bis zur formellen Abschaffung der Samurai als sozialer Stand nach der Meiji-Restauration von 1868 gespannt. Auch nach der Auflösung der Samurai als Herrschaftsstand lebte die ältere Ideologie des *bushidô* («Der Weg des Kriegers») im modernen Japan fort. Sie wurde gar zum Mythos dort, wo man versucht hat, die eigene Geschichte nach Maßgabe der Samurai-Ideale auszulegen und das Handeln der Menschen an den alten Prinzipien auszurichten. Aus diesem Grunde möge der Leser dieses Buchs keine Militärgeschichte im engeren Sinne erwarten: nicht die Waffen, Rüstungen und Kampfesweisen der Krieger bestimmen den Gang der Darstellung und die Anordnung der Kapitel, sondern die zu jeder Zeit besondere Stellung der Samurai in Politik und Gesellschaft, Wirtschaft und Kultur.

Ich danke Freunden, Kollegen und nicht zuletzt meinen Studenten für Fragen, Kritik und weiterführende Hinweise. Gewidmet ist dieses Buch meinen Eltern.

Ôsaka, im November 2002   W. S.

Hinweise zur Transkription und zur Datierung

Die Umschrift japanischer Namen und Begriffe richtet sich nach dem Hepburn-System; dabei entspricht die Aussprache der Vokale etwa dem Deutschen oder Italienischen, die der Konsonanten etwa dem Englischen. Lang ausgesprochene Vokale sind mit einem Längenzeichen versehen, wie z. B. *shôgun*. Japanische Fachausdrücke sind im Text kursiv wiedergegeben, die wichtigsten im Glossar erläutert. Bei der Nennung von Personennamen wird dem in Ostasien üblichen Brauch folgend der Familienname dem Vornamen vorangestellt.

Die Umrechnung des älteren japanischen Mondkalenders auf den jeweils gültigen westlichen Kalender ist kompliziert und wäre im Einzelfall zu begründen. Man kann die Angaben in japanischen Quellen über Jahreszahlen nicht einfach übertragen. Diese folgten seit dem Altertum sogenannten Regierungsdevisen, die aus verschiedenen Gründen und unregelmäßig wechselten und erst im modernen Japan mit dem Herrschaftswechsel des *tennô* identisch waren. Ein japanisches Kalenderjahr konnte sich durchaus auf zwei Kalenderjahre christlicher Zählung verteilen. Die chronologischen Daten sind daher nicht immer präzise; sie wurden aber der Einfachheit halber dem westlichen Kalender angepaßt und mögen der Orientierung dienen.

I. Lehren einer Legende:
Die Rache der 47 Samurai

Wer heutzutage mit der Yamanote-Schnellbahn vom Bahnhof Tôkyô kommend südwärts bis Shinagawa fährt, erreicht nach einem kurzen Spaziergang den am Ende einer unscheinbaren Seitenstraße gelegenen Sengaku-Tempel. Dieser wurde in den Jahren 1596 bis 1615 auf Veranlassung von Tokugawa Ieyasu, dem Begründer des frühneuzeitlichen Shôgunats, zunächst ausserhalb seiner Burg am Sakuradamon errichtet und nach einem Feuer 1641 an seinem heutigen Platz im Stadtteil Takanawa neu aufgebaut. Zu jener Zeit zählte der Tempel zu den bedeutendsten religiösen Wirkungsstätten der zen-buddhistischen Sôtô-Sekte. Aber nicht aus diesem Grunde kommen heute noch viele Japaner und ausländische Touristen dorthin. Die Besucher zieht es auf eine hinter dem Tempel gelegene Anhöhe, auf der sich eine meist in den Duft zahlloser Räucherstäbchen gehüllte Grabanlage befindet: Hier sind die sterblichen Überreste der sagenumwobenen 47 Samurai bestattet, die den Tod ihres Herren Asano Naganori rächten, um damit seine Ehre wiederherzustellen. Sie wurden dafür mit dem Tode bestraft. Was genau war damals geschehen?

Der Herr (*daimyô*) des Territoriums von Akô hatte am 21. April 1701 aufgrund einer öffentlichen Beleidigung das Schwert gegen den Zeremonienmeister Kira Yoshinaka, einen der ranghöchsten Beamten des *shôgun*, gezogen, was in dessen Residenz in Edo – so der damalige Name des heutigen Tôkyô – ein schweres Vergehen war. Obgleich der Angegriffene nur leicht verletzt wurde, mußte Asano noch am gleichen Tage Selbstmord begehen, ohne daß der Fall eingehend untersucht wurde. Sein Besitz in Akô wurde eingezogen, seine Vasallen verloren ihr Auskommen. Als herrenlose Samurai (*rônin*) irrten sie scheinbar hilflos umher, sannen aber insgeheim unter der Führung von Ôishi Kuranosuke Yoshio, dem obersten Hausvasallen (*karô*) und engsten Vertrauten Asanos, auf Vergeltung. In einer kalten Dezembernacht des Jahres 1702 stürmten die 47 Getreuen die Residenz des verhaßten Kira in Edo, töteten und enthaupteten ihn und brachten seinen Kopf zum Grab ihres Herren am Sengaku-ji. Ihre Tat wurde von den Zeitgenossen über die Grenzen der Stadt hinaus gerühmt, denn sie schien angesichts der ungerechten Behandlung des *daimyô* durch den *shôgun* legitim zu sein; legal war sie nicht! Aus diesem Grunde wurden die Gefolgsleute des *daimyô* von Akô zwei Monate nach der Tat gezwungen, *harakiri* (im Japanischen eher: *seppuku*) zu begehen, d. h. sich selbst zu entleiben. Sie hatten wissentlich dieses Risiko auf sich genommen, hatten den «Geist» der Samurai über das Recht des *shôgun* gestellt und folgten nun ihrem Herrn in den Tod.

Diese Begebenheit kennt in Japan jedes Kind. Schon zu Beginn des 18. Jahrhunderts wurde sie, ungeachtet aller Zensurmaßnahmen seitens der Regierung, in Stücken für das Puppentheater oder Kabuki, in historischen und fiktiven Geschichten oder Holzschnitten festgehalten und in vielfältiger Form abgewandelt. Die wohl nachhaltigste Wirkung entfaltete das ursprünglich für das Puppentheater geschriebene Stück «Chûshingura» («Das Schatzhaus loyaler Vasallen»), das, für das Kabukitheater umgearbeitet, seit 1749 in Edo, Kyôto und Ôsaka mit großem Erfolg aufgeführt wurde. Wenn die Geschichte heute eher in Filmen, Comics (*manga*) oder Videospielen kolportiert wird, so ändert das an der «Botschaft», die sie jeder Generation auf je eigene Art und Weise vermittelt, nur wenig: Aus dem Verhalten der 47 Männer werden Mut, Besonnenheit und Loyalität, aber auch Opferbereitschaft einer Sache oder Person gegenüber herausgelesen, – Werte, die auch in der Gesellschaft des modernen Japan noch einen Platz haben. Die besondere Faszination, die von dieser Geschichte bis heute ausgeht, ist aber nicht nur mit einem spezifischen Tugendkatalog zu erklären, sondern sie verdankt sich wohl auch eigentümlichen sozialen Strukturelementen, die die frühneuzeitliche Gesellschaft ebenso geprägt haben, wie sie für die moderne Industriegesellschaft gelegentlich noch charakteristisch sind. Dies hat zu tun mit der Konfliktkonstellation, in die sich der einzelne hineingestellt sieht, wenn er die politische oder soziale Ordnung als Ganze herausfordert. Die kollektive Aktion, der Zusammenhalt der Gruppe, gleicht in dieser Geschichte diesen Grundkonflikt zwischen Legalität und Legitimität, zwischen den Forderungen der shôgunalen Ordnung einerseits und dem Ehrgefühl der 47 Samurai andererseits, aus. Der Erfolg der Geschichte liegt deshalb weniger in der bis in den Tod reichenden Gefolgstreue der Vasallen, sondern darin, daß sie, wie es der Literaturhistoriker Katô Shûichi einmal treffend formulierte, «das Gefühl der Solidarität und der Gruppenzugehörigkeit, kurz, die Grundstruktur der japanischen Gesellschaft in verdichteter Form ausdrückt» (Katô 1990: 363).

Die Geschichte der 47 herrenlosen Samurai nimmt auch aus historischer Sicht eine Schlüsselrolle ein, denn sie markiert in der Entwicklung des japanischen Kriegerstandes im Tokugawa-Staat einen Wendepunkt. Zeitlich fiel der Racheakt der *rônin* in die Genroku-Ära (1688–1704). Sie gilt als eine Zeit der kulturellen Blüte, in der Bücher, Theaterstücke und die bildende Kunst, vor allem die Holzschnitte über die sogenannte «fließende Welt» (*ukiyo*) der prosperierenden Städte, ein breites bürgerliches Publikum erreichten, das sich gerne abends in den Vergnügungsvierteln von den Tagesgeschäften ablenken ließ. Es waren aber nicht nur Kaufleute und Handwerker, die sich an den reichhaltigen Angeboten der städtischen Kultur berauschten; auch die Samurai wußten bald die Annehmlichkeiten und Ausschweifungen bürgerlicher Lebenslust zu schätzen. Wirtschaftlich leisten konnten sie es sich damals schon nicht mehr. Aber die in der Genroku-Zeit relativ hohen und stabilen Reispreise kaschierten den Tatbestand, daß bereits in der zweiten Hälfte des 17. Jahrhunderts Samurai ihre Schulden bei den reichen Kaufleuten nicht mehr zurückzahlen konnten. Selbst an der politischen Spitze hatte der fünfte Tokugawa *shôgun* Tsunayoshi, dem seine die Tiere und insbesondere die Hunde begünstigenden Gesetze den unrühmlichen Namen «Hunde-*shôgun*» eintrugen, mit finanzpolitischen Tricks die Nöte der

Regierung gelindert; zum normalen Kurs hatte er 1695 minder-
wertige Gold- und Silbermünzen prägen lassen und damit die
Löcher in den öffentlichen Kassen vorübergehend gestopft. Die
Genroku-Jahre waren deshalb für das Shôgunat und die Samurai eine ökonomische Verschnaufpause. Danach ging es wirtschaftlich nur noch bergab. Der Fall der Reispreise in den ersten
Jahrzehnten des 18. Jahrhunderts und die damit verbundenen
Einbußen der nach dem Reisertrag ihrer Lehen und Ämter be-
messenen Stipendien beschleunigten den sozialen Niedergang
des Kriegerstandes erheblich; denn viele Samurai konnten vom
urbanen Luxus nicht mehr lassen und verschuldeten sich immer
mehr. Dies war eine Entwicklung, die nicht nur auf Edo beschränkt war, sondern nahezu alle Provinzen und Burgstädte
gleichermaßen erfaßte. Staatlich verordnete Maßnahmen wie
die Sistierung der Kredite brachten eine nur vorübergehende Er-
leichterung. Letztendlich verschärften sie die ökonomischen
Probleme der Samurai eher, denn die Kaufleute waren nun nur
noch zu verschärften Bedingungen bereit, ihr Geld Mitgliedern
eines scheinbar marodierenden und deklassierten Standes zu lei-
hen. In dieser Lage erschienen die 47 Samurai, die noch Werte
wie Selbstbeschränkung und Pflichterfüllung symbolisierten,
den Lesern und Zuschauern der Kabuki-Stücke in der Edo-Zeit
als Helden einer verlorengegangenen Welt.

Die berühmte Geschichte weist uns darüber hinaus auf eine
etymologische Problematik hin: All die, die außerhalb Japans
gemeinhin mit dem Sammelbegriff «Samurai» bezeichnet werden, sind im strengen Sinne des Wortes oftmals keine *samurai*
gewesen. Jene sind uns bislang in vielfältiger Gestalt begeg-
net: Erwähnung fanden der *shôgun* als Repräsentant der höchsten politischen Macht, die *daimyô* als seine höchsten Vasallen
und «Regierungschefs» in den Provinzen, der *karô* als «Haus-
ältester» und Stellvertreter eines *daimyô*, und schließlich die
rônin als herrenlose Krieger selbst. All diese Personen (und
noch viele andere) werden in Japan eher als *bushi* denn als
samurai bezeichnet. Erst in der späten Edo-Zeit begann sich der
Begriff als Sammelbezeichnung für die Krieger durchzusetzen
und wird dementsprechend bis heute im Westen (und deshalb

auch in diesem Buch) in einem verallgemeinernden Sinne benutzt.

Ursprünglich hatte der Terminus *samurai* keine ausschließlich militärische Bedeutung; als Nominalform von *samurau*, auch *saburau* («dienen» oder «aufwarten») beschrieb er im alten Japan den «Diener» in einem allgemeinen Sinne. (Der Lautwandel von *saburai* zu *samurai* erfolgte erst im 16. Jahrhundert.) Noch in der Heian-Zeit (794–1185) und der frühmittelalterlichen Kamakura-Zeit (1185–1333) finden wir den Samurai, der «Dienst» beim Adel am Hof in Kyôto versah, und dies nicht nur als Soldat, Ordnungshüter oder Torwächter, sondern auch als jemand, der bei diversen höfischen Ritualen (Umzügen, Empfängen und dergleichen) assistierte oder dem Amtsadel (*kanjin kizoku*) bei der Verwaltung der Finanzen half. Darüber hinaus ist der Samurai als Krieger bekannt, der in den Provinzen in einem bestimmten «Kriegerhaus» (*buke*) «Dienst» tat. Erst in der militärischen Hierarchie des Kamakura-Shôgunats entwikkelte sich dann ein spezifischer Rang, der mit dem Begriff *samurai* belegt wurde und der in der Regel den bewaffneten Begleiter eines höhergestellten, berittenen Kriegers bezeichnete. Im Kampf bestand dessen Aufgabe darin, seinem Herrn Flankenschutz zu geben. Der ursprüngliche Charakter des Samurai als Diener blieb also auch im Zuge der militärischen Professionalisierung während der Kamakura-Zeit erhalten. Gleichwohl deutete sich in dieser Zeit schon eine Ausweitung der Bedeutung von «Samurai» an; abzulesen ist sie am besten im 1180 geschaffenen Amt «*samurai dokoro*», einer Zentralbehörde für die Angelegenheiten der Vasallen in Kamakura. Deren Befugnisse erstreckten sich im 13. Jahrhundert auch auf die Kontrolle der Polizei, der Militärgouverneure (*shugo*) und Vögte (*jitô*); in der Muromachi-Zeit war die Behörde darüber hinaus für die militärische Aufsicht über Kyôto als Sitz der *tennô* und die Ländereien der *shôgun* zuständig. Von da aus war es bis zur Durchsetzung des Gebrauchs von «Samurai» im Sinne einer allgemeinen Bezeichnung für alle Angehörigen des Kriegerstandes nicht mehr weit, wenngleich der Begriff *bushi* im Japanischen auch weiterhin bevorzugt wird.

Die für das Mittelalter noch typische Bedeutungsdifferenz können wir auch aus einer ganzen Reihe von europäischen Quellen herauslesen, wie z. B. dem von portugiesischen Missionaren im Jahre 1603 angefertigten «Vocabulario da lingoa de Iapam». Dort wurden die *bushi* als «soldado» von den *saburai* als «fidalgo» («Adel») oder «bomem bourado» («ehrenwerte Leute») geschieden. Als weitere Begriffe für Soldaten oder Krieger wurden *tsuwamono* («soldado» oder «gente de guerra»), *mononofu* («soldados») und *musha* («soldado armado») angeführt. Dies ist insofern bemerkenswert, als der Begriff des Samurai zu jener Zeit offensichtlich auch noch zur Bezeichnung von Personen diente, die nicht mit militärischen Tätigkeiten in Verbindung gebracht wurden. Das «Vocabulario» ordnete den «saburai» als Mitglied des Adels ein und verglich ihn in seinem Auftreten mit dem englischen Gentleman. Diese Wertschätzung der Samurai durch die europäischen Besucher verlor sich bis ins 19. Jahrhundert nahezu völlig. Für den englischen Gesandten Sir Rutherford Alcock waren die Samurai die arroganten Beamten des *shôgun*, die sich vor allem dadurch auszeichneten, daß sie zu viel Sake tranken und die Schärfe ihrer Schwerter an Bettlern und Hunden ausprobierten. Erst Nitobe Inazô hat dann im Jahre 1899 mit seinem zuerst in englischer Sprache publizierten Buch «Bushido. The Soul of Japan» das positive Bild der Samurai im Westen für Jahrzehnte festgeschrieben. Über dieses Bändchen sowie über die Erzählungen und Berichte der ausländischen Händler, Diplomaten und Wissenschaftler gelangte der Begriff des Samurai schnell nach Europa und breitete sich hier soweit aus, daß er seit den 1930er Jahren in nahezu allen europäischen Lexika und Enzyklopädien verzeichnet ist.

Der Begriff des *bushi* ist im Westen nur als eine Herleitung aus dem Wort *bushidô* geläufig, womit der «Weg des Kriegers» im Sinne einer spezifischen Moral und Methodik der Lebensführung beschrieben wird. Die einschlägigen Lexika weisen zwei Bedeutungsvarianten aus, die sich zum einen aus der Tätigkeit der Betreffenden, zum anderen aus ihrem Status ergeben: Mit *bushi* sind diejenigen gemeint, die die «Kriegskunst» (*bugei*) beherrschen oder in militärischen Organisationen an zentraler Stelle bzw. in der Gesellschaft über dem «gemeinen Volk» (*shôjin*) stehen. Diese vorwiegend militärischen Konnotationen bilden den ursprünglichen Bedeutungsgehalt des Begriffs *bushi* und seiner beiden Schriftzeichen aber nur unvollkommen ab. Das erste Zeichen *bu* (chin. *wu*) des sino-japanischen Binoms *bushi* meint nach Ausweisung älterer chinesisch-deutscher Lexika «militärisch, kriegerisch» (im Gegensatz zu «zivil») und wurde in der Verbindung mit *shi* (chin. *shih*) in einem pejorativen Sinne auch als «Henker» wiedergegeben, – eine für die frühe Übernahme des Begriffs im Altjapanischen unzulässige semantische Verengung. Die neuere Forschung betont gegenüber den älteren Auffassungen, wonach die *bushi* noch aus den Revolten der Kriegsherren in den Provinzen gegen den Hofadel hervorgingen, ihre Funktion als Ordnungsmacht, die gleichsam «gute» Gewalt ausübte. Zu Recht wird heute der «Krieger» (*bushi*) dem «Gelehrten» (*bunjin*) an die Seite gestellt, wo es darum geht, die beiden tragenden Säulen von Staat und Gesellschaft im alten Japan zu benennen. «Krieger» und «Gelehrte» stehen in einem funktionalen Komplementärverhältnis zueinander. In diesem Sinne findet der Begriff des *bushi* auch in frühen japanischen Quellenwerken wie dem «Shoku Nihongi» Erwähnung, wo es in einem Eintrag zum Jahre 721 heißt: «Dem Gelehrten und dem Krieger bringt das Herrscherhaus (*kokka*) eine besondere Wertschätzung entgegen» (Shimomura 1993: 10).

Der zweite Teil des Binoms *shi* (chin. *shih*) bezeichnet in den älteren, in chinesischer Sprache abgefaßten Annalen schon das Ganze: den konfuzianisch gebildeten Gentleman-Ritter, der Schutz gewährt und Ordnung schafft, und zwar in seiner Doppelfunktion als Kämpfer und als Beamter. Dieser im Begriff *bushi* angelegte «freundliche Dualismus» erklärt, «warum der Kriegerstand in der japanischen Neuzeit die dominierende Rolle in der Gesellschaft spielen konnte» (W. Naumann 1998: 142). Yamaga Sokô, der große konfuzianische Theoretiker des «Bushidô» in der Edo-Zeit, brachte diese Bipolarität der Funktionen der *bushi* mit den Worten zum Ausdruck: «Es wäre nicht hinreichend, wenn die *bushi* ihre kriegerischen und zivilen

Tugenden nur kennen würden, ohne sie nicht auch zum Ausdruck zu bringen und in der Wirklichkeit umzusetzen» (Tsunoda 1958,1: 399). Nach diesem Ideal war der Samurai also nicht nur der kriegerische Held, sondern auch ein gesellschaftlicher Erzieher, der den anderen Ständen der feudalen Gesellschaft ein Vorbild sein sollte. Damit rechtfertigte er seine privilegierte Existenz als Angehöriger eines nicht-produktiven Standes. Die 47 herrenlosen Getreuen agierten auch in diesem «volkspädagogischen» Sinne, auch wenn ihre Tat, im Vergleich zum rationalisierten Ideal der Krieger in einer befriedeten Gesellschaft, einen gleichsam emotionalen Gegenentwurf darstellte.

Schließlich wirft die Legende der 47 Samurai eine Frage auf, die auf den interkulturellen Vergleich zweier feudaler Systeme zielt: Wäre die Rache der 47 *rônin* auch im mittelalterlichen Europa möglich gewesen? Sind die japanischen Samurai wirklich die «Ritter des Fernen Ostens» gewesen, wie es der Untertitel des älteren Buchs von Richard Storry noch leichter Hand behauptet hat? Diese Fragen sind schwer zu beantworten, denn man muß sie eigentlich auf zwei Ebenen diskutieren: auf der des feudalen Systems und auf der seiner Protagonisten, der Samurai und Ritter. Im Anschluß an einen Definitionsvorschlag des Historikers Otto Hintze kann man von Feudalismus immer dann sprechen, wenn sich die Geschichte in drei Funktionsbereichen auf folgende Weise entwickelt hat: 1. im militärischen Bereich durch «Absonderung eines ausgebildeten, dem Herrscher in Treue verbundenen Kriegerstandes», deren Verhältnis zueinander auf Privatvertrag beruht; im sozial-ökonomischen Bereich durch die Entwicklung grundherrschaftlich-bäuerlicher Wirtschaftsformen, die dem Kriegerstand ein arbeitsfreies Auskommen auf Rentenbasis garantiert; und im politisch-administrativen Bereich durch Dezentralisierung und die Übertragung öffentlicher Herrschaftsrechte auf lokale Herrengewalten. Im Anschluß an die Arbeiten des berühmten japanischen Mediävisten Asakawa Kan'ichi waren Hintze und nach ihm der amerikanische Historiker John W. Hall zu der Auffassung gelangt, daß es zwischen europäischem und japanischem Feudalismus einen «merkwürdigen Parallelismus» gebe. Die neuere Japanforschung hat diese grundsätzliche Vergleichbarkeit der beiden Feudalismen im wesentlichen bestätigt und insbesondere in den vergangenen Jahren Gemeinsamkeiten und Differenzen für einzelne Länder und Perioden überzeugend herausgearbeitet. Man streitet aber noch darüber, ab und bis wann man in Japan überhaupt von Feudalismus sprechen kann. Die Krieger der Nara-Zeit (*tsuwamono*) erfüllten im 8. Jahrhundert die von Hintze angeführten Kriterien nur zum Teil; sie waren eigentlich «Teilzeit-Krieger» und konnten angesichts der großen, von Bauern gestellten Infanterien kein Gewaltmonopol für einen spezifischen Kriegerstand durchsetzen. Auch die enge personale Bindung, wie sie aus der Geschichte der 47 Samurai spricht und in den 1920er Jahren von Asakawa betont wurde, war bis zur Sengoku-Zeit (1478–1573) noch kein typisches Merkmal des japanischen Feudalismus. In diesen Jahren des permanenten Bürgerkriegs – man sollte besser von einem «Krieg der Krieger» sprechen – war der Herrschaftswechsel an der Tagesordnung, wenn es nicht zur angemessenen Belohnung und zur entsprechenden Anerkennung für die geleisteten Kriegsdienste kam. Im Tokugawa-Shôgunat haben sich die oben genannten konstitutiven Merkmale eines feudalen Systems zwar noch erhalten. Sie unterlagen aber einem deutlichen Trend hin zur Stärkung der Zentralgewalt. Ihrer Autorität mußten sich schließlich auch die 47 Samurai beugen, auch wenn es in der Öffentlichkeit Edos zu einer lebhaften Kontroverse über die Rechtmäßigkeit ihres Verhaltens und die Angemessenheit des harten Strafmaßes kam.

Die vergleichende Perspektive stößt offensichtlich dort an ihre Grenzen, wo es um die mentale und religiöse Disposition von Rittern und Kriegern in feudalen Gesellschaftssystemen geht. Besondere Treuebindungen, Fehden und Blutrache hat es natürlich auch im mittelalterlichen Europa gegeben. In Frankreich bildeten sich im Umkreis geistlicher Herrschaften um die Mitte des 11. Jahrhunderts die «homines ligii» aus, die ihrem Herrn zu unbedingter Treue gegen jedermann verpflichtet waren. Im Fall von Loyalitätskonflikten ging das ligische Verhältnis allen anderen vor. Unbedingte Opferbereitschaft mit einkalkulierter Todesfolge hatte aber dort ihre Grenze, wo der christ-

liche Glaube berührt war, der dem Ritter die Selbsttötung zur
Wiederherstellung seiner Ehre verbot. Dem stand in Japan die
enge Verbindung der Samurai mit dem Zen-Buddhismus gegenüber, für den die Betonung der Flüchtigkeit und Nichtigkeit der
Existenz charakteristisch ist. Eine ethische oder religiös tempe-
rierte Beschränkung, Würde und Ehre (*meiyo*) für sich und die
Gruppe, der man angehörte, in auswegloser Lage auch auf dem
Weg der Selbsttötung zu wahren, bestand in Japan nicht. Daß
die Bestrafung der 47 Samurai als Ritual des *seppuku* und als
Gemeinschaftserlebnis zelebriert wurde, weist darüber hinaus
auf die spezifische Bedeutung der Gruppensolidarität hin, die
sich in diesem extremen Fall bis zum eigenen und freiwilligen
Tod erstreckt.

Aus der Geschichte der 47 Samurai und aus den nachfolgen-
den Legenden lassen sich also, wie wir gesehen haben, vielfältige
Perspektiven entwickeln, die eine kurze Geschichte des japanischen Kriegerstandes heute zu berücksichtigen hat. Zu keiner
Zeit handelte es sich bei den Samurai (= *bushi*) um eine homoge-
ne soziale Schicht mit spezifischen militärischen und administrativen Pflichten. Ihre Aufgaben als Vasallen eines höhergestellten Herrn wurden immer wieder neu ausgehandelt und
festgeschrieben. Dabei mußte dem Wandel in Staat und Gesellschaft mit jeweils besonderen Instrumenten und Institutionen
der Kontrolle für und durch die Samurai Rechnung getragen
werden. Daraus ergab sich zu jeder Zeit ein eigentümliches und
bisweilen dramatisches Spannungsverhältnis, das auch die nun
folgende Geschichte des japanischen Kriegerstandes durchgängig prägt.

II. Die Anfänge der Samurai

Es kommt nicht eben häufig vor, daß ein angesehener Gelehrter
sein frühes Meisterwerk 25 Jahre nach dem Erscheinen grundlegend überarbeitet, dabei seine älteren Thesen selbst in Zweifel
zieht und sie schließlich revidiert. Der amerikanische Mediävist

Jeffrey P. Mass hat 1999 genau dies getan. Während er in seinem älteren Werk die Begründung der Militärherrschaft durch Minamoto no Yoritomo um 1200 noch für einen revolutionären, von den Provinzen ausgehenden Vorgang hielt, betont er nun die evolutionäre Entwicklung der Samurai innerhalb des herrschenden Systems: Statt von «Warrior Government» ist im neuen Titel von einem «Dual Government» die Rede. Die Macht in Staat und Gesellschaft fällt nach diesem Modell dem Hof in Kyôto und dem Shôgunat in Kamakura in etwa gleichen Teilen zu.

Mass nahm mit diesem Interpretationsmodell neuere Ergebnisse der japanischen und amerikanischen Forschung auf. Sie erteilten den überkommenen Deutungen, wonach die Samurai allein aus dem grundbesitzenden Landadel hervorgegangen waren, eine Absage. Altmeister des Fachs wie der in den 1920er Jahren auch im Westen bekannte Asakawa Kan'ichi oder nach ihm George Sansom hatten immer wieder die Bedeutung des Gempei-Krieges 1180–1185 als Epochenschwelle betont. In diesem Kampf um die Vorherrschaft in Japan wurde die Sippe der Taira vernichtend geschlagen, und die Minamoto übernahmen mit dem wenig später begründeten Shôgunat die Macht. Sie hätten damit nur ein Machtvakuum ausgefüllt, das die Aristokratie in Kyôto habe entstehen lassen. Von diesem negativ akzentuierten Bild des Hofs bleibt in der neueren Forschung nicht mehr viel übrig. Eher wird hervorgehoben, daß Kaiser und höfische Eliten die Rebellionen aufbegehrender Kriegerverbände in den Provinzen, vor allem in der Kantô-Region um das heutige Tôkyô, bis weit ins 12. Jahrhundert hinein erfolgreich niederschlagen konnten und sich dabei selbst schlagkräftiger Truppen zu bedienen wußten. Diesen Deutungswandel in der Geschichte der ersten Samurai hat der amerikanische Historiker Karl F. Friday vor wenigen Jahren wie folgt beschrieben: «It was largely court activism – not inactivity – in military matters that put swords in the hands of the rural elite» (Friday 1992: 7). Gleichzeitig aber betonen er wie auch andere zu einseitig die weit in die Nara- und Heian-Zeit zurückgehenden militärischen Wurzeln der Samurai, ohne auf deren agrarökonomische Basis noch be-

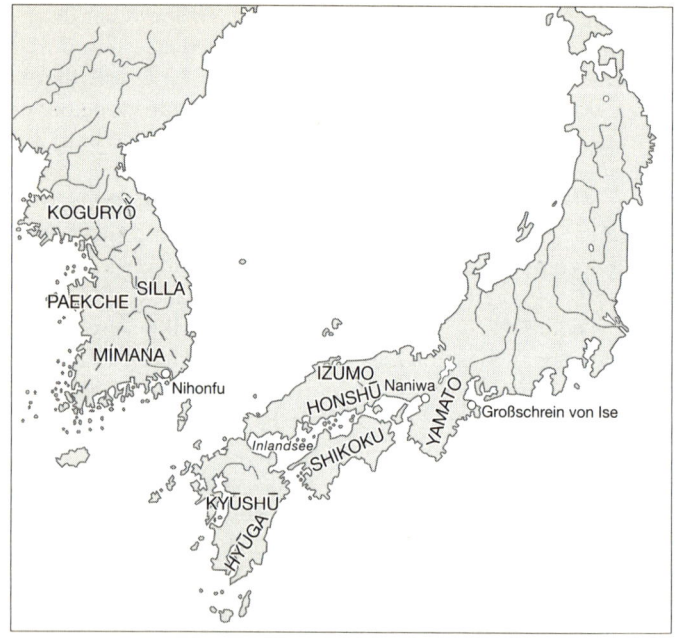

Abb. 1: Japan und Korea zur Zeit des Yamato-Reiches um 500 n. Chr.

sonderes Gewicht zu legen. Es ist zweifellos richtig, die Konti-
nuitäten zu den kriegerischen Traditionen der älteren Clans und
der militärischen Ordnung des frühen japanischen Zentralstaats
deutlicher als früher herauszustellen; sie sind ein wichtiges Element in der Entstehungsgeschichte des japanischen Kriegerstandes. Man würde aber fehlgehen, die Rolle der Samurai als
Binnenkolonisatoren und Rodungsherren, etwa ab Mitte der
Heian-Zeit, zu unterschätzen. Eher wird man die Doppelfunktion der Samurai als mit Pfeil und Bogen bewaffneter Reiterkrieger und als lokaler, selbst wirtschaftender Grundherren heraus-
stellen dürfen.

Krieger im alten Japan

Trotz vielfältiger Bemühungen hat die Archäologie die japanische Frühgeschichte auch heute noch nicht gänzlich von Mythen und Legenden befreit. Unsere Kenntnisse über das alte Japan entstammen chinesischen Dynastiegeschichten wie dem «Wei-chih» aus dem 3. Jahrhundert oder japanischen Annalenwerken wie dem «Kojiki» und dem «Nihon shoki» (offiziell auch «Nihongi»), die im 8. Jahrhundert vollendet wurden. Sie waren politische Auftragsarbeiten und dienten dem seit 673 amtierenden *tennô* Tenmu und seinen Nachfolgern zur Legitimation ihrer Herrschaft. Fakten und Fiktion sind in diesen Chroniken vermischt, was sie als historische Quellen fragwürdig, aber nicht grundsätzlich unzuverlässig macht. Gleichwohl können die Historiker auf sie in Ermangelung anderer Zeugnisse nicht verzichten. In diesen Werken tauchen dort, wo die Gründungsgeschichte Japans rekonstruiert und gleichzeitig mythisch verklärt wird, auch die sogenannten *kume* auf, die zuerst als wehrhafte Bergbauern in der Umgebung des heutigen Ôsaka Gemüse und Getreide anbauten, der Jagd mit Fallen nachgingen und später im Zuge der Etablierung kleinerer Lokalherrschaften auch kürzere kriegerische Raubzüge unternahmen. Darüber hinaus sind in den älteren Annalen Krieger erwähnt, die um die Wende vom 4. zum 5. Jahrhundert in Korea an Kämpfen beteiligt waren. Es gilt als sicher, daß in diesen Jahrhunderten enge Verbindungen zwischen Korea und Japan bestanden und japanische Militärverbände an der Seite von Paekche, einem der altkoreanischen Staaten, kämpften. Dieser mußte sich nach jahrzehntelangen Auseinandersetzungen 663 dem ostkoreanischen Staat Silla geschlagen geben, was dazu führte, daß der Yamato-Staat seinen Stützpunkt im südkoreanischen Mimana verlor und viele Krieger japanischer und koreanischer Abstammung nach Japan zurückkehrten. Daß zu diesen Verbänden auch die *kume-be* als militärische Berufsverbände gehörten, gilt als wahrscheinlich. Sie übten jedenfalls im frühen Yamato-Staat Kriegs-, Polizei- und Henkersdienste aus. Als Berufsstand wurden sie aus politischen Gründen erst um 600 aufgelöst. In den späteren Chroniken hat man sie als «Vorbild des loyalen und heldenhaften Kriegers im Dienste des Kaiserhauses» idealisiert (N. Naumann 1982: 122).

Aus den genannten Quellen und diversen archäologischen Funden hat die Forschung über die Anfänge eines Kriegerstandes, den wir noch nicht mit den Samurai gleichsetzen dürfen, verschiedene Hypothesen entwickelt. Am bekanntesten ist wohl die Annahme, daß es Reiterkrieger gegeben habe, die von Korea aus auf die südlichste Hauptinsel Kyûshû gelangten und von dort aus die japanischen Kleinstaaten der *wa* unterworfen haben, bevor sie in Zentraljapan die Dynastie von Yamato errichtet haben. Andere Forscher vermuten, daß es keiner Einwirkung von außen bedurfte, sondern sich die Entstehung berittener Kriegerverbände aus der Jagdtradition von selbst ergeben habe. Unbestritten ist, daß der kontinentale Einfluß in Japan gegen Ende des 4. Jahrhunderts – eine Zeit der Völkerwanderung in Asien – spürbar zunahm. Abzulesen ist dies im militärischen Bereich unter anderem an der Art der Rüstungen. Die bekannten Tonfiguren (*haniwa*) zeigen auch Krieger in Rüstungen, die denen der chinesischen und koreanischen Soldaten mit ihren überbordenden Schulterklappen auffallend ähneln. Es spricht deshalb einiges dafür, wenn man die kontinental-asiatischen Einflüsse für die Frühzeit der japanischen Militärgeschichte besonders betont.

Das Militär im frühen Zentralstaat

Im 6. Jahrhundert zeichneten sich allmählich die Grundstrukturen einer neuen politischen Ordnung ab. An der Spitze dieses Systems standen miteinander verbundene Sippen (*uji*) der Oberschicht, die in Yamato – der Gegend um das heutige Nara – eine Dynastie begründet hatten. Die Oberhäupter dieser Yamato-Konföderation beanspruchten nicht nur die Gewalt in ihren eigenen Territorien, sondern machten darüber hinaus auch Herrschaftsrechte für die anderen Teile des Landes geltend. Dort hatten bislang die Ältesten der Clans mehr oder weniger eigenständig regiert. Nun sahen sie sich mit den Herrschaftsansprüchen der Yamato-Dynastie konfrontiert. Sie wurden teils mit friedlichen Mitteln, teils mit Gewalt in die neue Ordnung integriert. Das damals beherrschbare Territorium – die südliche Hälfte der Hauptinsel Honshû sowie die anderen beiden großen Inseln Shikoku und Kyûshû – wurden in Provinzen (*kuni*) untergliedert und die Führer der alten Sippen als Gouverneure (*kuni no miyatsuko*) eingesetzt. Ihre politische Macht wurde also nicht grundsätzlich in Frage gestellt; vielmehr schob sich der Zentralstaat als neue Instanz zwischen die Oberschichten und die handwerklichen und bäuerlichen Bevölkerungsgruppen, indem er die Leiter der *uji* mit neuer, zusätzlicher Autorität ausstattete.

Bis dahin hatten die Provinzen eigene Truppen aufgestellt, die sich aus den Verbänden der wehrhaften Bergbauern, die wir bereits oben kennengelernt haben, zusammensetzten. Sie nahmen nach außen hin militärische Aufgaben wahr, wie etwa die Mitwirkung an Eroberungszügen und die Verteidigung des eigenen Territoriums; im Innern übten sie polizeiliche und strafrechtliche Funktionen aus. Als Bezeichnung für diese Soldaten setzte sich in diesen Jahren der Begriff *mononofu* durch, eine frühe japanische Lesart des sino-japanischen *bushi*. Der Grund dafür, eine signifikante Benennung für die Mitglieder der militärischen Verbände zu finden, war wohl, daß ihre Aufgaben wirklich rein militärischer bzw. polizeilicher Natur waren und daß damit ein bestimmter Status verbunden war. Ihre Zahl nahm jedenfalls im 6. Jahrhundert deutlich zu. Im Auftrag des Yamato-Staates und der verschiedenen *kuni* beteiligten sich die *mononofu* an den Korea-Expeditionen und wirkten bei der Niederschlagung von Rebellionen mit, wie etwa beim Aufstand des Iwai-Clans aus Kyûshû im Jahre 527. Darüber hinaus sicherten sie als Grenzgänger die Front gegenüber den «nördlichen Barbaren», stellten die Gardetruppen bei Hofe und übernahmen als berittene Krieger die wichtigen Botendienste. Insbesondere in dieser letzten Funktion waren sie Teil der mobilen Infrastruktur des sich formierenden Zentralstaats.

Der Prozeß der fortschreitenden Vernetzung von Herrschaftsinstitutionen setzte sich auch im 7. Jahrhundert fort. Er führte schließlich zur endgültigen Auflösung der Stammesherrschaften und zur Herausbildung einer neuen Gesellschaftsordnung, in der nun der Adel am Hof den Ton angab. Gleichwohl legten auch die Herrscher des Yamato-Staates weiterhin Gewicht auf alle Fragen, die die Durchsetzung ihrer Politik betrafen; und dies war in der Regel nur unter Anwendung von Gewalt möglich. Eine Zäsur stellte der politische Umsturz des Jahres 645 dar, mit dem Prinz Naka no Ōe, der spätere Kaiser Tenji, der Vorherrschaft des Soga-Clans ein Ende bereitete. Wie später noch oft, war auch dieses Mal der Herrschaftswechsel mit einer Verlagerung der Residenz verbunden, und zwar vom Soga-Territorium in Asuka nach Naniwa, dem heutigen Ōsaka. Dies war aber nur der symbolische Ausweis für einen großen sozialen und politischen Wandel, der im Jahr 646 in einem bedeutenden Edikt angekündigt wurde. Im Zuge dieses lang andauernden Wandels, dem die Historiker den Namen «Taika-Reformen» gegeben haben, wurde nach chinesischem Vorbild der gesamte private Landbesitz konfisziert, in staatliches Eigentum überführt und auf der Grundlage von Katastern neu verteilt. Darüber hinaus wurde auch der private Besitz von Menschen verboten, wenngleich auch spätere Gesetze noch die «Unfreien» kannten. Die älteren Berufsverbände, darunter auch die wehrhaften Bergbauern, wurden abgeschafft und damit die Machtbasis der Clans in den Provinzen entscheidend geschwächt. Der Aufbau einer effizienteren Verwaltung von Residenz und Provinzen, ein neues Steuersystem und die Entsendung von verdienten Adeligen als Verwaltungsbeamte in alle Landesteile führten insgesamt zu einer deutlichen Stärkung des Zentralstaats.

Dem standen die verschiedenen Militärreformen im 7. Jahrhundert zur Seite. Sie sollten nicht nur helfen, die neue Ordnung im Innern zu konsolidieren, sondern sollten den Staat in die Lage versetzen, sich einer möglichen chinesischen Expansion entgegenstellen zu können. Zu diesem Zweck hatte Kaiser Tenmu, der 673 selbst durch Waffengewalt an die Macht gekommen war und mit der Vertreibung der alten Sippen vom Hofe das Kaisertum in Japan endgültig durchsetzte, sechs Jahre später in einem speziellen Edikt die Bedeutung militärischer Fragen für seine Regierung bekräftigt und demgemäß verfügt: «Alle zivilen und militärischen Amtsträger sollen sich in Waffen und im Reiten üben. Pferde, Waffen und persönliche Ausstattung (Kleidung) muß in ausreichendem Maße gestellt werden. Wer ein Pferd besitzt, wird Soldat der Kavallerie, wer keines hat, gehört der Infanterie an» (Friday 1992: 12). Die Oberaufsicht wurde einem eigens dafür berufenen «Minister für Militärangelegenheiten» (*hyôbushô*) übertragen. Die Ausweitung der zentralen Kontrolle war dabei aber nur ein Charakteristikum für den militärischen Wandel. Wichtiger war ein zweiter Aspekt: Militärdienst war kein Privileg weniger mehr und einem bestimmten Berufsstand vorbehalten, sondern eine öffentliche Aufgabe für alle. Nach dieser Maßgabe wurden alle Männer im Alter zwischen 20 und 59 Jahren (außer Adeligen und Kranken) zum Militärdienst eingezogen. Bei der Erfassung der dienstpflichtigen Soldaten (*heishi*) taten die Grundkataster gute Dienste. In der Regel wurde ein Drittel der Männer einer Provinz auf eine entsprechende Liste gesetzt, um abwechselnd ihren Militärdienst zu versehen. Die aktive Dienstzeit betrug etwa vier Jahre, von denen man insgesamt ein Jahr in der Hauptstadt und drei Jahre in anderen Provinzen, meist in Grenzregionen, verbringen sollte. Der Dienst konnte aber auch bei Regimentern in der Nähe der Wohnorte abgeleistet werden. Etwa 35 Tage im Jahr übten sich die Männer im Schwertkampf, versahen Wachaufgaben an den Vorratsspeichern oder begleiteten hochgestellte Beamte auf ihren Reisen. Der Vorteil dieses Systems war, daß die soziale und ökonomische Basis der einzelnen Provinzen nicht dauerhaft gefährdet war, wenn etwa ein Drittel der Wehrpflichtigen Dienst tat. Zum Teil wurde auf persönliche Belange oder saisonale Besonderheiten, etwa auf Zeiten der Aussaat und Ernte, Rücksicht genommen.

Der frühe japanische Zentralstaat verfügte also nicht über ein stehendes Heer, sondern über ein Milizsystem, das sich vorwiegend, je nach Rang und Besitz, aus dem niederen Provinzadel und der großen Zahl bäuerlicher Besitzer rekrutierte. Die Führungs- und Aufsichtsränge waren natürlich den kaiserlichen Beamten vorbehalten, die entweder aus dem Hofadel kamen oder

aus den älteren Führungsschichten der Provinzen. Eine militärische Einheit (*gun*) konnte aus ca. 3000 bis 12 000 Mann bestehen und wurde von einem General (*shôgun*), seinem Stellvertreter (*fukushôgun*) und diversen Offizieren befehligt. Am Sitz des
Kaisers waren Elitetruppen stationiert. Sie setzten sich aus fünf
größeren Regimentern (*goefu*) zusammen. Zu ihren Aufgaben
gehörte der Schutz des Kaisers, die aktive Teilnahme an höfischen Zeremonien sowie die Verrichtung von Wachdiensten an
den Toren und in den Vierteln der Stadt.

Die Abschaffung der allgemeinen Wehrpflicht

Bis zum 8. Jahrhundert war es in Japan nicht zur dauerhaf-
ten Herausbildung einer Hauptstadt gekommen. Jeder Kaiser
wählte sich bei Regierungsantritt eine neue Residenz. Dies änderte sich erst mit der Errichtung von Heijôkyô, dem heutigen
Nara, das, nach chinesischen Vorbildern angelegt, in den Jahren
zwischen 708 und 712 vollendet wurde. Die großartige Pracht
dieser Stadt mit ihren repräsentativen Regierungsgebäuden und
zahlreichen buddhistischen Tempelanlagen war das augenfällig-
ste Zeugnis für ein gestärktes Selbstbewußtsein der politischen
Zentrale und gleichzeitig der sinnfällige Ausdruck einer kulturellen Blütezeit. In diese knapp einhundert Jahre während Epoche, die die Historiker zu Recht mit dem Namen der Hauptstadt
verbinden, fiel die religiöse Machtentfaltung des Buddhismus
mit seinen zahlreichen Sekten. Mehrere Gesandtschaften an
den Hof der chinesischen Tang-Dynastie unterstrichen, wen
sich die japanische Gesellschaft im 8. Jahrhundert zum Vorbild
nahm. Gleichzeitig vergaß man aber auch die eigene Kultur und
Geschichte nicht; die ersten großen Geschichtswerke wie das
«Kojiki» («Berichte über alte Begebenheiten»; 712) und das
«Nihon shoki» («Schriftliche Berichte über Japan»; 720) sowie
die berühmte Gedichtsammlung «Man'yôshû» («Sammlung der
10 000 Blätter»; 760) wurden in der Nara-Zeit fertiggestellt.

Das politische System und die soziale Ordnung basierte auf
den Taihô- und Yôrô-Kodizes von 701 bzw. 718. Darin waren
für das öffentliche Leben genaue Rechts- (*ritsu*) und Verwal-

tungsvorschriften (*ryô*) zusammengefaßt, weswegen man den
Staat des 7. und 8. Jahrhunderts auch gerne als «Ritsu-ryô-
Staat» bezeichnet. Ziel der gesetzlichen Vorgaben war es, die
politische Macht des Kaisertums endgültig festzuschreiben und
die Reste der lokalen Autonomie zu beseitigen. Die Gesellschaft
wurde nach einem Idealbild in drei Gruppen unterteilt: in den
Kaiser und seine Familie, in die freien Untertanen (*ryômin*,
wörtlich «gute Menschen») und in die Unfreien (*senmin*, wörtlich «schlechte Menschen»). Der Aufbau der Verwaltung war
chinesischen Vorbildern verpflichtet, aber er ging nicht völlig in
diesen auf, sondern trug japanischen Besonderheiten Rechnung.
Dies kam unter anderem in der Anordnung der höchsten Staats-
organe zum Ausdruck, die in ein Amt für den kaiserlichen Shin-
tô-Kult und in eine Behörde für die Regierung unterteilt waren.
Auch ein Prüfungssystem für die Beamten, wie wir es aus China
kennen, bestand in Japan nicht. Die 66 Provinzen (*kuni* oder
koku) wurden von Gouverneuren (*kokushi*) verwaltet, die aus
dem Adel der Hauptstadt kamen. Den Distrikten (*kôri* oder
gun) standen Beamte (*gunji*) vor, die sich aus den älteren lokalen
Familienverbänden rekrutierten. Es handelte sich dabei um die
gleiche Gruppe, die bereits vor den Taika-Reformen die Provinzbeamten gestellt hatte. Der Zentralstaat griff also stärker
als bislang in die lokale Verwaltung ein; aber er hat in weiser
Selbstbeschränkung mit ihren älteren Traditionen nicht vollends
gebrochen oder gar die lokalen Magnaten düpiert.

Seit langem herrscht in der historischen Forschung Einver-
nehmen darüber, im Militärsystem das schwächste Glied des
Ritsuryô-Staates zu sehen. Die Bauern verließen nur ungern ihre
Höfe, um an entfernt gelegenen Orten und unter fremdem
Oberbefehl ihren Dienst abzuleisten. Verschärft wurde ihr Un-
mut noch durch den Umstand, daß Regimentskommandeure die
Fußtruppen nicht zu militärischen Zwecken einsetzten, sondern
sie häufig als billige Arbeitskräfte mißbrauchten. Entwik-
kelten sich doch bewaffnete Konflikte, waren Disziplin und
Kampfgeist kaum vorhanden. Hinzu kam, daß die bäuerlichen
Mitglieder der Infanterie, die das Gros des Heeres stellten, den
berittenen, mit Pfeil und Bogen kämpfenden Gegnern oft hoff-

nungslos unterlegen waren. Dies hatten vor allem die Grenz-
konflikte mit den im Norden Honshûs angesiedelten Volksgrup-
pen der Emishi gezeigt.

Das ganze 8. Jahrhundert hindurch versuchten die diversen
Herrscher, die damit verbundenen Probleme in den Griff zu
bekommen. Die Reduktion der Streitkräfte seit 719 war
zunächst ein Zeichen dafür, daß sich die Kaiser der Nara-Zeit
relativ sicher fühlten; die Stadt Nara selbst war nicht mit einer
Mauer zum Schutz vor Feinden umgeben. In den 730er Jahren
war es darüber hinaus nötig, Militär und Bevölkerung wieder in
ein ausgewogeneres Verhältnis zueinander zu bringen; zuvor
hatte eine große Pockenepidemie die bäuerliche Bevölkerung in
manchen Landesteilen bis zu 70 % dezimiert.

Gegen Ende der Nara-Zeit waren es dann vorwiegend ökonomische Gründe, die den Kaiser Kanmu dazu bewogen haben, im Jahre 792 (oder genauer, um einmal ein Beispiel für die
japanische Chronologie der Ereignisse zu geben, am 14. Tag des
6. Monats im 11. Jahr der Ära Enryaku) die allgemeine Wehrpflicht ganz abzuschaffen und dafür die Aufstellung von kleineren Eliteeinheiten für die Hauptstadt und die Provinzen anzu-
ordnen. Diese Maßnahme war ein Gebot der Not angesichts der
pekuniären Auszehrung seitens der Regierung. Der vorübergehende Umzug des Kaisers von Heijôkyô (heute: Nara) nach Na-
gaokakyô im Jahre 784 und die gleichzeitige Errichtung einer
noch prächtigeren Residenz in Heiankyô (heute: Kyôto) hatten
Unsummen verschlungen. Hinzu kam die ebenfalls teure Nie-
derwerfung der «nördlichen Barbaren» in der Tôhoku-Gegend.
Hungersnöte, Seuchen und Naturkatastrophen taten ein übri-
ges, die Finanzen aufzubrauchen. Der Staat stand im letzten
Jahrzehnt des 8. Jahrhunderts kurz vor dem Bankrott. Es mußte
also schnell und hart gespart werden, und was lag da angesichts
der ruhigen politischen Großwetterlage näher, als die Kosten für
einen ineffizienten Militärapparat drastisch zu senken.

Natürlich war einem so machtbewußten *tennô* wie Kanmu
klar, daß er nicht völlig auf Streitkräfte zu seinem Schutz und
zur Aufrechterhaltung der Ordnung in Stadt und Land verzichten konnte. Eine Woche nach Abschaffung der Wehrpflicht

verfügte er deshalb über seinen Staatsrat die Aufstellung von Spezialeinheiten nach dem Rotationsprinzip, bestehend aus berittenen *kondei* (wörtlich etwa: «kräftige Burschen»); gemeint waren damit die Söhne und jüngeren Brüder der Distriktbeamten, die bekanntlich dem Stand der älteren lokalen Grundherren entstammten. Dies verweist auf die Tradition und Kontinuität berittener Krieger in den verschiedenen Landesteilen, die das Edikt von 792 nun neu bestätigte. Aufgabe der *kondei* war es, die Waffenlager, die Poststationen und Hauptquartiere der Provinzverwaltungen zu schützen. Bemerkenswert ist, daß die in den Quellen auftauchenden Zahlen von nur wenigen tausend Kriegern erstaunlich gering waren. Dabei ist allerdings zu berücksichtigen, daß es außer den *kondei* wohl auch noch andere berittene Krieger gab, die allerdings nicht über deren Autorität verfügten. Ihre Aufgabe bestand auch nicht in der Abwehr äußerer Feinde. Wo wirklich die Außengrenzen gefährdet waren, kehrten einige Provinzen in Kyûshû bald wieder zur alten Wehrpflicht zurück. In anderen Regionen, wie etwa in Hitachi, blieben die *kondei* bis in die Zeit um 1300 ein wichtiger Ordnungsfaktor. Die historische Forschung erblickt deshalb heute in diesen *kondei* jenes bedeutsame Zwischenglied in der Militärgeschichte des alten Japan, das die Tradition der frühen Reiterkrieger des Yamato-Staates mit den Samurai des Kamakura-Shôgunats im 13. Jahrhundert verbindet.

Die Kriegerverbände der Heian-Zeit (794–1185)

Der Umzug in die neue Hauptstadt Heiankyô, deren Name «Frieden und Ruhe» verhieß, markierte im Jahre 794 den Beginn einer nahezu 400jährigen Epoche, die in den Lehrbüchern zu Recht als kulturelle Blütezeit gepriesen wird. Sie ging erst mit Errichtung des Shôgunats in Kamakura in den Jahren 1185/92 zu Ende. Gekennzeichnet war diese Periode durch verschiedene Merkmale. Die politisch und sozial dominierende Schicht war die höfische Aristokratie. Kulturell lehnte sich Japan weiter an den alten Lehrmeister China an; die Einstellung der Gesandtschaften ins Reich der Mitte im Jahre 894 deutete jedoch im politischen Bereich eine erste behutsame Wende hin zu größerer Eigenständigkeit an. Die überwältigende Macht der buddhistischen Tempel mit ihren Mönchsoldaten (*sôhei*) – ein wichtiger Grund für den Auszug der Regierung aus Nara – konnte nur vorübergehend eingedämmt werden. Zeitweilig durften die verschiedenen Sekten im Zentrum von Heiankyô keine Tempel errichten. Die Trennung von Politik und Religion blieb so erhalten. Ökonomisch und rechtlich erlebte die Gesellschaft der Heian-Zeit die sukzessive Aushöhlung zentralstaatlicher Prinzipien und Institutionen. Dafür kam es in den Provinzen zu einer fortschreitenden Privatisierung von Land und Leuten.

Daß es mit «Frieden und Ruhe» selbst in der Hauptstadt nicht weit her war, zeigt die recht wechselhafte Geschichte dieser Epoche. Sie ist geprägt von einem teils offen, teils verdeckt ausgetragenen Konflikt zwischen der kaiserlichen Familie und einflußreichen Adelssippen. Diese Auseinandersetzung vollzog sich in mehreren Etappen: Im 9. Jahrhundert wurden mit der Reform des Straf- und Verwaltungsrechts zahlreiche neue Ämter geschaffen, in die Abkömmlinge der großen adeligen Familien einrückten. Der Familie Fujiwara gelang dabei die Ausschaltung der Rivalen am besten. In der ersten Hälfte des 10. Jahrhunderts konnten die *tennô* ihre Macht noch einmal behaupten, denn sie waren bei der Reform der Steuereinziehung und dem Aufbau von Provinzialverwaltungen überraschend erfolgreich. Sie konnten aber nicht mehr verhindern, daß ab 858 die Fujiwara als Regenten das politische Geschick des Landes für mehr als zweihundert Jahre bestimmten; politische Heiraten zwischen der kaiserlichen Familie und den Fujiwara spielten in diesem Zusammenhang eine große Rolle. Die Vorherrschaft der Fujiwara beendeten erst die machtbewußten «Klosterkaiser»; dabei handelte es sich um *tennô* wie den seit 1068 amtierenden Go-Sanjô und seine Nachfolger, die ihr Amt und damit die lästigen und zeitraubenden Zeremonien einem Nachfolger überließen, sich offiziell in ein Kloster zurückzogen und von dort aus mit den Mitteln von Prestige, Gewalt und Intrige das politische Heft in die Hand nahmen. In den letzten Jahrzehnten der Heian-Zeit bestimmte die mit ihnen verbündete Familie der Taira, die sich zunächst im Nordosten eine eigene Machtbasis geschaffen hatte, auch die Politik in Heiankyô. Sie wurde erst in der Seeschlacht von Dannoura im Jahre 1185 von den Minamoto vernichtend geschlagen. Ihre Niederlage bedeutete nicht das Ende des Hofs, wohl aber leitete sie die Schaffung eines zweiten, politisch stärkeren Gravitationszentrums in Kamakura ein, wo der seit 1192 als *shôgun* amtierende Minamoto no Yoritomo den Ton angab.

Daß der gesamtgesellschaftliche Wandel der späten Heian-Zeit auch das Militär erfaßte, ist an sich nicht erstaunlich. Augenfällig war, daß seit Mitte des 10. Jahrhunderts Waffendienst nicht mehr an Personen gebunden war, sondern mit bestimmten Familien assoziiert wurde. Dies galt insbesondere für den sensiblen Bereich der Hauptstadt und ihre Umgebung. Bis zum frühen 12. Jahrhundert dominierten die Krieger der Minamoto mit ihren Zweigfamilien Heiankyô, da sie politisch eng mit den Fujiwara-Regenten verbunden waren. Dann wurden sie von den Taira abgelöst. Waren die militärischen Begleiter der kaiserlichen Familie und des Hofadels im 7. Jahrhundert noch schlecht ausgebildete Leute aus den Provinzen gewesen, wurden zu Beginn der Heian-Zeit spezielle Eskorten (*zuijin*) aufgestellt. Sie waren gut ausgestattet und gaben bei Umzügen ein prächtiges Bild ab; militärisch effizient waren sie nicht. Man ging deshalb dazu über, die Führer angesehener Familien (*tôryô*), die Söhne und Brüder lokaler Magnaten oder Mitglieder des niederen Hofadels als Söldner (*tsuwamono*) anzustellen. Sie waren gleichsam die «bridging figures» (J.P. Mass), die die Hauptstadt mit dem Land auf der Ebene der öffentlichen Gewalten verbanden. Als Soldaten, die zum Schutz der Metropole ausersehen waren, genossen sie bald ein besonderes Ansehen. Eine militärische Elite der besonderen Art waren ab dem späten 11. Jahrhundert die Wachtruppen für die abgedankten Kaiser, die man *takiguchi* (wörtl. «Stufe des Wasserfalls», benannt nach einem Teil des Palastes) oder *hokumen* (wörtl. «nördliche Seite» in Anspielung auf die Wachen der nördlichen Palasttore) nannte.

Neben diesen Militäreinheiten in der Hauptstadt (*miyako no musha*) waren für die Entstehung der Samurai als einer grundbesitzenden Schicht mit militärischen Sonderaufgaben andere Gruppen wichtiger. Zweifellos war die Aufstellung von Spezialeinheiten am Hofe ein Zeichen für die fortschreitende Professionalisierung im militärischen Bereich. Dies war eine notwendige, aber noch keine hinreichende Voraussetzung für die Entstehung der Samurai. Entscheidend waren die sozial-ökonomischen Veränderungen in den Provinzen, die den Krieger auch zum Grundherrn machten.

Im Zuge der Zentralisierung war der Staat seit dem 7. Jahrhundert bestrebt gewesen, alles bebaubare Land in kaiserliches Eigentum zu überführen. Ziel war es, das Steueraufkommen zu erhöhen. Gleichwohl blieben auf dem Land Steueroasen für die lokalen Magnaten erhalten. Diese Gebiete gaben im 8. und 9. Jahrhundert den ersten Anstoß für den Ausbau der Grundherrschaften. Eine andere Ursache war die Förderung von Neulanderschließung, wobei seit 743 neu gewonnenes Land in das Eigentum seines Erschließers überging; später wurde es sogar steuerlich befreit. Es lag auf der Hand, daß die Rodungsherren, berittene und bewaffnete Krieger, bald mit Gewalt danach trachteten, ihren Grundbesitz zu vergrößern. Dabei machten sie sich Bauern zu Diensten und gliederten ganze Dörfer in ihren Besitz ein. Sie ahmten damit das Verhalten der großen Tempel nach, die ebenfalls über große, steuerfreie Ländereien verfügten. Diese Form der Grundherrschaft, *shôen* genannt, stand im mittelalterlichen Japan im Zentrum der landwirtschaftlichen Produktion und «vereinte die Merkmale der traditionellen adligen und klerikalen Landsitze, nämlich Wohnungs-, Verwaltungs- und Speichergebäude auf dem Herrenhof (*shô*), umliegendes Gartenland (*en*), Immunität *ab introitu* (*fu'nyû*), Abgabenfreiheit (*fuyu*), mit staatlich legitimiertem Neuland» (Zöllner 1995: 123).

An der Herausbildung und Ausweitung der *shôen* waren ab Mitte der Heian-Zeit verschiedene soziale Gruppen beteiligt: der Hofadel, religiöse Institutionen, die Führer mächtiger Sippen in den Provinzen als Rodungsherren (*kaihatsu ryôshu*) und reiche, in Dörfern residierende Großbauern (*zaichi ryôshu*). Nach traditioneller Auffassung gingen die Samurai insbesondere aus den beiden letztgenannten Schichten hervor. Gegenüber einem rein agrarökonomischen oder militärhistorischen Erklärungsmodell, wie wir sie oben vorgestellt haben, wird neuerdings auch auf die kriegerischen Traditionen, vor allem unter den Jägern in den östlichen und den Fischern in den westlichen Provinzen, hingewiesen.

Daß die Samurai als gesonderte Schicht sowohl sozial-ökonomisch als auch militärisch etwa seit Mitte des 10. Jahrhunderts genauer zu identifizieren waren, hatte auch damit zu tun, daß sie sich in gesonderten Verbänden (*bushidan*) zusammenschlossen und diesen eine hierarchische Binnenstruktur gaben. Das soziale Profil dieser Verbände und ihre Interessen konnten dabei ganz unterschiedlich sein. Es kam zur Bildung marodierender Banden (*tô*), die selbst vor Plünderungen und Steuerraub nicht zurückschreckten. Andere Samuraiverbände standen im Dienst der von Heiankyô entsandten Provinzbeamten (*kokuga*), die für die Eintreibung der Steuern und ihren sicheren Transport in die Hauptstadt verantwortlich waren. Sie heuerten Samuraitruppen zum Schutz vor Banditen an und vergaben dafür zuerst als Lohn lokale Ämter, z. B. für die Sammlung von Steuern in einzelnen Distrikten, später auch kleinere Ländereien, die zwei oder drei Generationen danach in den erblichen Besitz der Familie übergingen. Darüber hinaus setzten die Samurai alles daran, ihren Besitz, darunter auch steuerfreies Grundeigentum, zu mehren. Als Krieger waren sie wie kein anderer Stand in der Lage, den für eine ertragreiche Bewirtschaftung nötigen Ordnungsrahmen zu schaffen und dauerhaft zu schützen.

Über die frühen Kriegerverbände in den Provinzen ist in der japanischen Historiographie viel geschrieben worden. Der Terminus *bushidan* hat dabei am häufigsten Verwendung gefunden, obgleich er kein zeitgenössischer Begriff war, sondern eine Schöpfung der Historiker im 20. Jahrhundert. Für diese Kriegerverbände gab es keine festgelegten Rekrutierungsmuster. Ihr soziales Profil war, wie wir gesehen haben, vielschichtig; alle möglichen sozialen Gruppen haben sich in *bushidan* zusammengefunden: angeworbene Söldner, umherwandernde Banditen, entlaufene Bauern, Verwandte und Anhänger lokaler «war-lords» und andere mehr. Untereinander waren diese Gruppie-rungen prinzipiell bündnisfähig und konnten auf diese Weise Truppenkontingente von mehreren tausend Mann aufstellen. Meistens handelte es sich aber um Einheiten zwischen 100 bis 1000 Mann. Den Oberbefehl hatten in der Regel Abkömmlinge der alten Eliten inne. Sie entstammten entweder dem niederen Hofadel und hatten sich in Ermangelung von Karrierechancen in Kyôto in den Provinzen niedergelassen, oder sie führten ihren Herrschaftsanspruch auf blutsverwandtschaftliche Bande zu den alten Clans zurück. Bis zur Mitte des 10. Jahrhunderts ent-wickelten sich auf diese Weise kleinere Armeen, die auf ganz unterschiedlichen Ebenen agierten: *bushidan* stellten die Ord-nungstruppen für die staatlichen Provinzialämter, oder sie be-aufsichtigten die privaten Grundherrschaften. Sie konnten aber auch rebellisch werden und dann ganze Landstriche terrorisie-ren. In solchen Fällen wurden sie zu einer ernst zu nehmenden Bedrohung für die politischen Zentralgewalten.

Insbesondere seit den Aufständen des Rebellen Taira no Ma-sakado (935–940) war unübersehbar, daß die *bushidan* eine wirkliche Gefahr darstellten. Was zunächst als bewaffnete Aus-einandersetzung unter Familienmitgliedern begonnen hatte, wuchs sich schließlich zu einem Konflikt zwischen den staatlich eingesetzten Provinzgouverneuren der nord-östlichen Kantô-Region und einigen privaten Grundbesitzern aus. Masakado stand dabei auf der Seite der Grundherren. Mit seiner Koa-litionsarmee, bestehend aus mehreren *bushidan*, griff er 939 den Gouverneur von Hitachi an und versuchte, alle acht Provinzen der Region unter seine Gewalt zu bringen. Am Ende rief er sich sogar als neuen *tennô* aus.

Seine besten Krieger waren berittene Bogenschützen, die das Schwert nur als letzte Waffe im Nahkampf einsetzten. An ihrer Seite kämpften noch bäuerliche Fußsoldaten mit Speer und Schild. Auch wenn dieser Aufstand im Jahre 940 noch ein-mal niedergeschlagen werden konnte, markiert er doch eine wichtige Zäsur in der Entstehungsgeschichte der Samurai: Für Masakado war nicht die Treue seinem Herrn gegenüber von

Bedeutung, sondern die Ehre der Familie. Sie zu bewahren, war Aufgabe einer spezifischen sozialen Schicht mit besonderen militärischen Fähigkeiten. Der «Geist des Wortes» (*kotodama*) erfaßte vor diesem Hintergrund auch die Samurai. Es ist kein Zufall, daß ausgerechnet in diesen Jahren die Sitte aufkam, zu Beginn einer Schlacht die Namen der Nobelsten einer Familie auszurufen. Das sollte einerseits dem Gegner Furcht einflößen und stellte andererseits eine spirituelle Versicherung für den Kämpfer im Angesicht des Todes dar.

Aus den Rebellionen, die dann im 11. Jahrhundert Japan erschütterten, hat die ältere Forschung die These abgeleitet, daß sich die Samurai als eigenständige militärische und politische Macht vor allem auf dem Lande (in den nord-östlichen Provinzen) und gleichsam von unten herausgebildet hätten. Demgegenüber wird heute mit guten Gründen geltend gemacht, daß die Aufstände meistens am entschiedenen Widerstand des Hofs scheiterten, dem es immer wieder gelang, zu diesem Zweck schlagkräftige Truppen aufzustellen und Allianzen zu formen. Das Vakuum, das die Suspendierung der Wehrpflicht geschaffen hatte und das die *kondei* nur partiell ausgleichen konnten, wurde von Heiankyô aus mit neuen militärischen Instanzen ausgefüllt. Es wurden Beamte für die Beaufsichtigung der Territorien (*ôryôshi*), für die Strafverfolgung (*tsuibushi*) und für die Untersuchung von Störungen der öffentlichen Ordnung (*kebiishi*) eingesetzt und ihnen entsprechende Verbände zur Durchführung ihrer Aufgaben zur Verfügung gestellt. Das grundlegende Problem – der Widerspruch zwischen den staatlichen Gewalten und den privaten Armeen der großen Grundherren – wurde damit nicht gelöst; es war nur vertagt.

III. Die Samurai an der Macht

Der Gempei-Krieg 1180–85

Seit der Mitte der Heian-Zeit, etwa um die Wende vom 9. zum 10. Jahrhundert, beobachten wir die Formierung einer sozialen Schicht, die sich aus Berufskriegern zusammensetzte und die als solche in Diensten der Provinzialbeamten oder der Besitzer privater Grundherrschaften standen. Bis zum 12. Jahrhundert konnten diese in den Provinzen residierenden Samurai selbst in niedere Verwaltungspositionen einrücken und Ländereien erwerben, die ihnen von lokalen Magnaten oder hochgestellten Adeligen bei Hofe als Lohn für treue Unterstützung zunächst auf Zeit, später als erblicher Besitz übertragen wurden. Die Samurai stellten damit in den Provinzen einen gewichtigen Machtfaktor dar und wurden dort zu einer Ordnungsmacht, bevor sie immer häufiger auch in die Kämpfe um die Vorherrschaft in Kyôto eingriffen.

Dort sah der vornehme Adel auf die Emporkömmlinge herab. Die Samurai galten als unkultivierte und brutale, bisweilen blutbefleckte Zeitgenossen. Beim Einzug in die Hauptstadt zwang man sie, sich bestimmten Reinigungsritualen zu unterwerfen. Gleichwohl konnte «der Hof» – ein stark vereinfachender Begriff für ein komplexes personelles und institutionelles Gefüge, in dem die ausgeschiedenen und amtierenden *tennô*, die Regenten oder rivalisierende Adelssippen um die Macht kämpften – auf den militärischen Beistand der Samurai im 12. Jahrhundert nicht mehr verzichten. So griff beispielsweise der «Klosterkaiser» Go-Shirakawa bei seinen Versuchen, die Regenten aus der Fujiwara-Sippe zu entmachten, im Jahre 1156 auf die Unterstützung zweier mächtiger Kriegersippen, der Taira (auch Heishi) und der Minamoto (auch Genji), zurück. Beide reklamierten auf Grund ihrer Genealogie eine besondere Nähe zur kaiserlichen Familie für sich. Mit ihrer Hilfe gelang dem abgedankten Kaiser im Hôgen-Aufstand die Stabilisierung seiner Macht. Ungelöst blieb aber am Ende dieses Konflikts das Kräfteverhältnis zwischen den «Klosterkaisern» und den großen Kriegersippen, zumal nachdem sich diese für ihre Loyalität nicht angemessen belohnt sahen. Die Rivalitäten zwischen den Taira und den Minamoto brachen deshalb schon vier Jahre später wieder auf. Sie führten in den Heiji-Unruhen von 1159/60 zu einem Sieg der Taira über die Minamoto, die sich in die Provinzen der nordöstlichen Kantô-Region zurückzogen und sich dort eine neue Machtbasis aufbauten. Unterdessen bestimmten die Taira unter der Führung des charismatischen Kiyomori und im Schatten des *tennô* Go-Shirakawa die politischen Geschicke in Heiankyô. Als Kiyomori jedoch 1179 versuchte, sich auch seines kaiserlichen Mentors zu entledigen und selbst die Macht zu übernehmen, war dies der Anlaß für einen Krieg, an dessen Ende die privilegierte Stellung des Hochadels nachhaltig erschüttert war und die Samurai in Kamakura faktisch die Macht in Japan übernahmen.

Die Historiker haben diesem Konflikt, mit Bezug auf die Namen der beteiligten Sippen, den Namen Gempei-Krieg gegeben. Das suggeriert einen einfachen Frontverlauf, bei dem sich in zahlreichen Schlachten die beiden verfeindeten Sippen gegenüberstanden. In Wirklichkeit lagen die Dinge komplizierter, denn auch innerhalb der großen Kriegerfamilien wurde erbittert um die Vorherrschaft gerungen. Gelegentlich, wie im Fall der Chiba, haben militärische Zweckbündnisse die Familienbande durchkreuzt und zerschnitten. Politisch tonangebend war im Lager der Minamoto ihr Führer Yoritomo, in der ersten Phase des Krieges ein bewunderter Stratege und Visionär. Ihm gelang es, die Inhaber öffentlicher Ämter und die Besitzer privater Ländereien in der Kantô-Gegend zu eigenen Vasallen zu machen und sich damit eine solide Machtbasis zu verschaffen. Kamakura wurde von ihm zu einem zweiten Regierungssitz ausgebaut. Die mit den Taira verbundenen *bushidan* wurden vertrieben oder aufgerieben. In seinem Herrschaftsbereich zögerte Yoritomo auch nicht, gegen Mitglieder der eigenen Sippe vorzugehen. Der Zweig der Satake wurde wegen seiner länger zurückliegenden Illoyalität gegenüber dem Vater Yoshitomo aus Rache ausgelöscht. Jenseits seiner Machtbastionen, in Zentral- und Südjapan, beauftragte Yoritomo erfolgreich enge Verwandte mit der Bekämpfung der Taira.

Als sein Cousin Yoshinaka Mitte 1183 Heiankyô von den Taira befreite, schien schon das Ende des Krieges in Sicht. Die Bevölkerung erwartete bald den Einzug Yoritomos und die Restauration der kaiserlichen und adeligen Macht nach alter Tradition. Dieser aber dachte nicht daran, das Naheliegende zu tun, sondern handelte zur allgemeinen Überraschung mit den Emissären des abgedankten *tennô* im Jahre 1183 eine Vereinbarung aus, die den Aufbau eines eigenen Herrschaftsbereichs im Nordosten nachträglich sanktionierte und Yoritomo darüber hinaus auch die Verantwortung für die Wiederherstellung der Ordnung in ganz Japan übertrug. Dies war insofern ein revolutionärer Vorgang, als damit die Vergabe von Ämtern und Lehen als Lohn für treue Dienste zum ersten Mal nicht von der Zentrale in Heiankyô ausging, sondern nun Yoritomo als dem mächtigsten Militärführer zugestanden wurde. In diesen Vorgängen sehen einige Historiker heute die eigentliche Geburtsstunde des Kamakura-Shôgunats und den Anfang der Samurai-Herrschaft in Japan.

Der Gempei-Krieg zog sich noch über zwei weitere Jahre hin und wurde an vielen verschiedenen Fronten ausgekämpft, bis schließlich Yoritomos Bruder Yoshitsune die Taira in der Seeschlacht bei Dannoura 1185 endgültig besiegte. Danach ging Yoritomo rücksichtslos gegen mögliche Widersacher in der eigenen Familie vor. Im Zentrum der bewegten Legenden, die vor allem aus den großen Kriegerepen, wie dem im 13. Jahrhundert entstandenen «Heike monogatari» («Die Geschichte der Heike/Taira»), reichlich Nahrung erhielten, stand ein tragischer Bruderkrieg. Seine Hauptfiguren waren auf der einen Seite Yoritomo, der politische Visionär und ungeliebte Staatsmann, und auf der anderen Seite der jüngere Yoshitsune, ein brillanter Feldherr und der Liebling des Volks. Dieser ist, nach einem Wort des Historikers Ivan Morris, «das vollkommene Beispiel gescheiterten Heldentums. Hätte es ihn nicht wirklich gegeben, so hätten

Abb. 2: Die Feldzüge des Minamoto no Yoshitsune

ihn die Japaner vielleicht erfinden müssen.» Er stürzte, als er sich auf dem Zenit seines Ruhms befand, von den Gefolgsleuten seines machtbewußten Bruders erbarmungslos gejagt und von nahen Vertrauten schließlich verraten; aber er starb aus eigenem Willen und in den Armen seiner schönen Frau – auch in Japan ein Stoff, aus dem Legenden gemacht werden.

Den berühmten Dichter Bashô hat er noch 500 Jahre später zu einem seiner bekanntesten Kurzgedichte inspiriert:

> Nur Sommergras
> Ist von den Träumen
> Der Krieger geblieben

Die militärische Hierarchie im Kamakura-Shôgunat

An der Spitze der neuen Militärregierung (*bakufu*, wörtl. «Zelt-regierung») gab es drei größere Ämter: eines für die Vasallen Yoritomos (*samurai dokoro*), eines für die allgemeine Verwaltung und einen obersten Gerichtshof. Yoritomo selbst ließ sich vom «amtierenden Exkaiser» Go-Toba im Jahre 1192 den Titel *seii tai shôgun* (wörtl. «Großer General für die Vertreibung der Barbaren») verleihen und baute Kamakura zu einer prachtvollen Residenz aus; dort war er der unumschränkte Herrscher. Weite Teile seines Machtbereichs im Nordosten Japans ließ er von Amtsträgern seines Vertrauens kontrollieren und stabilisierte mit der Schaffung neuer Institutionen das *bakufu* auch über seine eigene Amtszeit hinaus.

Die Gesellschaft der Kamakura-Zeit bestand, schematisch verkürzt, aus fünf verschiedenen Schichten: aus dem Hofadel (*kuge*), aus buddhistischen Geistlichen und Shintô-Priestern, aus den Kriegern (Samurai im weiteren Sinne), dem allgemeinen Volk (Bauern und Handwerkern) und den sozial deklassierten Pariaschichten. Eine deutliche Trennung zwischen Samurai und gemeinem Volk läßt sich für diese Zeit noch nicht überall ziehen; zum Teil waren die Grenzen fließend und durchlässig. Denn in der Kamakura-Zeit war es etwa Mitgliedern des Bauernstandes noch nicht verboten, Waffen zu tragen. Eine solche

Bestimmung existierte lediglich für Kamakura als Residenzstadt des *shôgun*. Sie hatte aber in der Tat symbolische Bedeutung, denn sie gab der Absicht des *bakufu* Ausdruck, den Samurai eine exklusive soziale und politische Position zu verschaffen. Voraussetzungen dafür waren vor allem der Besitz eines Pferdes und die Fähigkeit, dieses unter Kampfbedingungen zu reiten: nur der berittene Krieger wurde letztendlich als Samurai angesehen! Darüber hinaus wurde der Besitz von Waffen, insbesondere von Pfeil und Bogen sowie von Schwertern, erwartet, und natürlich das nötige Einkommen aus Grundbesitz, um jederzeit auch als Kämpfer zur Verfügung stehen zu können. Personell war die Begleitung durch mindestens einen Fußsoldaten (einen *kachi* oder *rôtô* als einfachen Vasallen ohne blutsverwandtschaftliche Bindung) eine andere zwingende Verausetzung dafür, als Samurai in die Schlacht ziehen zu können. Dessen Aufgabe bestand darin, seinen Herrn in der Schlacht vor hinterhältigen Angriffen feindlicher Fußsoldaten zu schützen. Neben diesen Ausstattungskriterien mögen auch noch andere Maßstäbe den Status eines Samurai definiert haben. Der Historiker Ishii Susumu vermutet, dass auch die Familiengeschichten eine Rolle gespielt haben könnten. Auf der Basis genealogischer Tafeln stellten die Provinzgouverneure zu Beginn des Kamakura-Shôgunats für ihren Herrschaftsbereich bestimmte Listen zusammen, in denen Krieger als Samurai registriert waren.

Was die Samurai als noch nicht fest umrissener Stand von berittenen Kriegern anbelangt, so unterscheiden die historischen Quellen zwischen zwei größeren Gruppen: den Hauptvasallen (*gokenin*) des *shôgun* und allen anderen, die nicht in einem direkten Treueverhältnis zum obersten Herrscher standen (*higokenin*). Die Hauptvasallen waren das militärische und politische Herzstück des *bakufu*. Sie oder ihre Vorfahren waren ursprünglich über die Erschließung von Neuland zu größeren Ländereien gekommen und hatten sich den Minamoto gegenüber seit Generationen loyal verhalten. Dafür erhielten sie nun vom *shôgun* eine schriftliche Garantie ihrer Eigentumsrechte. Im Gegenzug stellten sie diesem im Falle eines Konflikts Truppen zur Verfügung und zogen für ihn in die Schlacht. Die genannten Besitzgarantien sicherten ihren lokalen Herrschaftsbereich gegenüber den verbliebenen staatlichen Gütern und den privaten Grundherrschaften in der Hand des Hofadels ab. Mit Rückendeckung des *bakufu* gelang es den *gokenin* in einem sich über mehrere Jahrzehnte hinziehenden Prozeß, sich immer größere Teile des Landbesitzes aus öffentlicher bzw. privater Hand anzueignen.

Zwei neu geschaffene Ämter – *jitô* (Vögte) und *shugo* (Militärgouverneure für eine Provinz) – waren der Schlüssel für die Durchdringung des privaten, adeligen Grundbesitzes. Zwar ist die Entstehung dieser beiden Funktionen in der Forschung weiterhin umstritten; es herrscht aber zumindest Einigkeit in dem Punkt, in diesen beiden Ämtern die Kernelemente der shôgunalen Ordnung zu sehen. In das Amt eines Vogts rückten die Hauptvasallen ein, die dem *shôgun* besonders ergeben waren. Sie wirkten in den privaten Grundherrschaften bei der Steuereintreibung und bei der Leitung landwirtschaftlicher Arbeiten mit. Daraus ergab sich zwangsläufig eine Konkurrenz zu den Verwaltern der Eigentümer. Diese mußten nun bestimmte obrigkeitliche Aufgaben wie die polizeiliche Aufsicht oder das Richteramt mit den Vögten des *shôgun* teilen. Ärger mit den eingesessenen Verwaltern gab es zudem bei der Zuteilung von Brachland. Die Bauern standen den neuen Verwaltern ebenfalls ablehnend gegenüber, denn diese wirkten auf eigene Rechnung an der Eintreibung der Steuern mit. Das führte dazu, daß die bäuerliche Bevölkerung nun noch brutaler ausgebeutet wurde, was Bauern gelegentlich dazu brachte, sich dem erhöhten Steuerdruck durch Landflucht zu entziehen. In all diesen Bereichen griffen die *jitô* massiv in die Hoheitsrechte des Hofadels und der Tempel ein und unterstellten damit indirekt auch den privaten Grundbesitz der Aufsicht durch den *shôgun*.

Die öffentliche Gewalt übten auf der Ebene der Provinzen die Militärgouverneure aus, die, soweit wir heute wissen, nicht allesamt den Rang eines *gokenin* bekleideten. Diese sogenannten *shugo* operierten gleichsam als der verlängerte Arm des *shôgun*: Ihnen oblag die Bestrafung von Verbrechern, die Niederschlagung lokaler Kriegerrebellionen und bäuerlichen Sozialprotests sowie die Rekrutierung des militärischen Personals für Kamakura. Sie waren also diejenige Macht, die zunächst im Machtbereich der Minamoto, später in allen 66 Provinzen für Recht und Ordnung sorgte. Sie schalteten sich darüber hinaus immer stärker in alle Fragen der Landzuteilung und Besitzumschichtung ein.

Der zügige und erfolgreiche Aufbau eines Herrschaftsapparats, der den gesamten Machtbereich Yoritomos umschloß, war die Grundvoraussetzung dafür, daß das *bakufu* nach dem Tode seines Gründers im Jahre 1199 die politischen Herausforderungen der kommenden Jahrzehnte gut meistern konnte. Da Yoritomo mit der ihm eigenen Brutalität alle Rivalen und potentiellen Nachfolger eliminiert hatte, ging die Macht nach seinem Ableben an die Familie seiner Frau über. Die Hôjô regierten von da an den Nordosten Japans mit großer Umsicht und in weiser Bescheidenheit, weil sie sich formell mit dem Amt der Regenten zufriedengaben. Nach der Niederschlagung der Jôkyû-Unruhen im Jahre 1221, in deren Verlauf Kaiser Go-Toba vergeblich die Machtstellung des Hofes wieder herzustellen versuchte, dehnte sich der Herrschaftsbereich des *bakufu* sogar noch weiter in den Südwesten Japans aus. Mit der Errichtung eines Staatsrats und der Berufung eines Hohen Gerichts trieben die Hôjô-Regenten den Ausbau der staatlichen Institutionen voran. Ein umfangreicher Gesetzeskodex («Goseibai shikimoku») schrieb 1232 die bereits bekannten öffentlichen Aufgaben der Samurai fort und stellte Vergehen gegen diese Ordnung unter bestimmte Strafen. Gleichzeitig wurde ein juristisches Netzwerk ausgebreitet, das auch den scheinbar privaten Bereich von Ehe und Adoption mit umschloß.

Dies war insofern erstaunlich, als die Patriarchen *(sôryô)* der großen Kriegerfamilien ein bemerkenswertes Maß an Autonomie besaßen. Seit dem 11. Jahrhundert hatten sich die Familienstrukturen in Japan sehr gewandelt. Die älteren Sippen *(uji)* hatten sich allmählich aufgelöst und kleineren Familienverbänden *(ie*, d. h. «Häusern») Platz gemacht. Diese gaben sich nun einen Namen *(myôji)*, der sich in der Regel vom Stammsitz der Familie ableitete. Der Verlust von Haus und Hof des Familienoberhaupts infolge von militärischen Niederlagen oder Miß-

wirtschaft galt deshalb als besonders ehrenrührig. Im Verhältnis
des Patriarchen als eines Vasallen zu einem höhergestellten Herren repräsentierte jener seine eigene Familie, mit der er durch
Blutsbande verbunden war, und kleinere Samuraifamilien, die
zu ihm selbst in einer Treuebeziehung standen. Zu den Pflichten
eines *sôryô* gegenüber einem noch mächtigeren Samurai gehörte
es, Truppen zur Verfügung zu stellen; das konnten kleinere
Familienverbände von wenigen Mann sein, aber auch größere
bushidan von mehreren hundert Kriegern. Dafür genoß er herr-
schaftliche Grundrechte in seinem Territorium wie auch bestimmte Privilegien hinsichtlich der Erbfolge in seinem Haus.
Wie dieses wirtschaftlich, militärisch und nicht zuletzt mora-
lisch geführt werden sollte, legten die Patriarchen häufig in eigenen Hausregeln (*kakun*) fest. Sie waren keine juristischen Doku-
mente, sondern faßten auf mehr oder weniger literarische Art
und Weise die Ratschläge eines *sôryô* für seinen Nachfolger,
meistens den ältesten Sohn, zusammen und gaben seinen Wünschen für eine gedeihliche Entwicklung des «Hauses» einen ver-
bindlichen Ausdruck. Noch zu seinen Lebzeiten konnte der Pa-
triarch seine Residenz, seinen von Bauern bewirtschafteten Hof
und das grundherrschaftliche Territorium seinem Nachfolger
übertragen, wobei diesem unter anderem die Hausinsignien
(meistens Schwerter) und eine Sammlung der Besitzurkunden
vermacht wurden.

Der Zen und die Samurai

Von Indien kommend verbreitete sich der Zen-Buddhismus im
frühen 6. Jahrhundert auch in China. Als Wegbereiter und Sym-
bolfigur gilt heute der sagenumwobene indische Weise und
Wandermönch Bodhidharma (jap. Daruma). Das Wort *zen* ist
die japanische Lesart des chinesischen Schriftzeichens für den
Sanskritterminus *dhyâna*, d. h. «Versenkung». In einem ganz
allgemeinen Sinne könnte man den Zen als eine Meditations-
schule des Buddhismus beschreiben, die nach weltflüchtiger Er-
lösung durch «Erleuchtung» (*satori*) strebt und auf dem Weg zu
diesem Ziel verschiedene Möglichkeiten aufzeigt. Im allgemei-

nen charakterisieren den Zen mehrere Elemente: die Erlangung der Buddhaschaft durch «Erleuchtung» bzw. «Ein-Sicht» in die eigene Natur, und zwar von innen heraus; die Hochschätzung alltäglicher Lebenspraxis und der Kunst als einer Möglichkeit, das Leben zum «Vor-Schein» zu bringen, und die Skepsis gegenüber der Abstraktion und Konzeptionalisierung, wie sie etwa für die großen Buchreligionen des Christentums oder des Islam typisch sind.

Zwar sind chinesische Zen-Mönche schon im 7. und 8. Jahrhundert nach Japan gereist; zu Einfluß gelangte der Zen dort hingegen erst im 13. Jahrhundert. Dabei kam es zur Ausprägung von zwei größeren Schulen. Die Rinzai-Sekte wurde zu Beginn der Kamakura-Zeit vom Mönch Eisai aus dem China der Sung-Dynastie nach Japan gebracht und erlangte einen beherrschenden Einfluß. Sie verband die Meditation im Sitzen (*zazen*) mit kognitiven Übungen wie dem *kôan*, einem Wechselspiel von Fragen und Antworten zwischen Meister und Schüler. Auch Formen der körperlichen Züchtigung wie Stockschläge bei der Meditation wurden in der Rinzai-Schule akzeptiert. Ihr gegenüber lehnte die Sôtô-Sekte jede Form intellektueller Hilfsmittel und kontrollierter Gewalt auf dem Weg zur Erleuchtung ab. Sie setzte einzig und allein auf die Meditation des *zazen*, die ihr als solche schon als Ausweis der Buddhaschaft galt. Beide Schulen des Zen haben seit dem 13. Jahrhundert in der Kultur Japans tiefe Spuren hinterlassen und in ihrer Betonung des «Weges» (*dô*) nicht nur die Teezeremonie oder die Kalligraphie geprägt, sondern auch die verschiedenen Kriegerkünste, wie das Schwertfechten und das Schießen mit Pfeil und Bogen.

In seinem Selbstverständnis ist der Buddhismus eine friedliebende Religion, und es mag daher überraschen, daß der Zen als eine seiner wichtigsten Sekten insbesondere auf die Samurai eine so große Anziehungskraft ausgeübt hat. Es sind im wesentlichen vier Aspekte, die die Verwandtschaft von Zen und Samurai bestimmt haben. Der Zen war keine komplizierte Wort- oder Schriftreligion, sondern äußerte sich in der Tat; als solcher kam er den einfachen militärischen Vorstellungen der Samurai sehr nahe. Auch die moralisch-religiöse Vorgabe, nicht zurückzuschauen, wenn eine Sache entschieden war, paßte sich gut in die Vorstellungen der Krieger ein. Die Meditation verlangte Askese und Stoizismus und führte so bei den Schülern des Zen zur Ausprägung eines eisernen Willens, der unter den Kriegern den Kampfgeist und ihre Todesbereitschaft ebenso förderte wie die für den Zen typische Indifferenz gegenüber Leben und Tod. Das enge Verhältnis von Meister und Schüler hat darüber hinaus auch die Beziehung von Herren und Vasallen bestimmt. Historisch war es kein Zufall, daß sich der Zen zu Beginn der Kamakura-Zeit in Japan verbreitete. In Kyôto stand er in der Konkurrenz zu den älteren buddhistischen Tendai- und Shingon-Sekten, die eng mit der höfischen Gesellschaft verbunden waren. Die Hôjô-Regenten im Shôgunat machten sich deshalb den Zen als Instrument und Ausweis ihrer Herrschaft zu eigen. Insbesondere unter dem seit 1268 amtierenden Hôjô Tokimune, als Staatsmann und General gleichermaßen verehrt, erlebte der Zen eine große kulturelle Blüte. In seine Amtszeit fallen auch zahlreiche Tempelbauten in Kamakura, von denen der 1282 errichtete Engaku-ji der wohl berühmteste ist.

Die Abwehr der Mongolen-Invasionen 1274/81

In der Geschichte der Kamakura-Zeit leiteten die 1260er Jahre einen durchgreifenden Wandel in Wirtschaft und Gesellschaft ein. Neue Anbaumethoden in der Landwirtschaft wie etwa die sukzessive Bewirtschaftung des Bodens im Reis- und Weizenanbau verbesserten die Versorgung der Bevölkerung mit Nahrungsmitteln. Dabei wurden die Bauern entlastet und fanden Zeit, sich auch im häuslichen Handwerk zu betätigen, was wiederum den Handel belebte. Aus China kamen immer mehr Münzen, was dazu führte, daß man auch in Japan die Vorzüge der Geldwirtschaft schätzen lernte. Für die Samurai bedeuteten diese Veränderungen allerdings keine Hebung ihres politischen Einflusses oder ihres ökonomischen Wohlstands. Im Gegenteil, aufbegehrende Bauern, machtbewußte Militärverwalter der großen privaten Ländereien und ein kaum zu kontrollierendes Banditentum machten es den Ministerialen des *bakufu* schwer, die öffentliche Ordnung aufrechtzuerhalten. Hinzu kam, daß es unter den höchsten Rängen der Samurai, nämlich unter den Hausvasallen des *shôgun* bzw. seines Regenten, immer häufiger zu Fällen von Verarmung kam. Dies war vor allem eine Folge der Erbteilungen, die auf lange Sicht Besitzverkleinerungen zur Folge hatten oder im schlimmsten Fall zur Mittellosigkeit führten. Landlose *gokenin* waren in der späten Kamakura-Zeit keine Seltenheit mehr. Die Hôjô-Regenten gingen deshalb mit der Zeit zum Alleinerbenrecht über. Das beeinflußte allerdings den familialen Zusammenhalt und die politisch-militärischen Kräfteverhältnisse im Shôgunat: Die Seitenlinien eines Samurai-Hauses schlossen oft eher Bündnisse untereinander, als daß sie sich noch dem Patriarchen, von dem sie kein Erbteil erwarten durften, verpflichtet fühlten.

Aber nicht nur im Innern, auch in seinen Beziehungen zu den asiatischen Nachbarn sah sich Japan vor ganz neue Herausforderungen gestellt, seitdem die Mongolen große Teile des eurasischen Kontinents unter ihre Herrschaft gebracht hatten; nun wollten sie sich auch das japanische Inselreich einverleiben. Boten des mächtigen Kublai-Khan wurden von den Hôjô zuerst zurückgewiesen und bei ihrem zweiten Besuch getötet. Schriftsätze des Mongolenführers blieben unbeantwortet. Statt dessen bereiteten die Provinzgouverneure (*shugo*) von Kyûshû mit ihren Samuraiverbänden Befestigungsanlagen vor. Im Jahre 1274 rückte eine Flotte der Mongolen mit 40 000 Mann gegen die südliche Hauptinsel Kyûshû vor. Bei der Verteidigung im Norden der Insel kam den zahlenmäßig unterlegenen Samurai ein schwerer Sturm zu Hilfe, der einen Großteil der Truppen Kublai-Khans vernichtete. Jenen nannten zeitgenössische Quellen «Götterwind» (*kamikaze*). Er sollte den Japanern 1281 noch einmal gegen den Ansturm einer mongolischen Übermacht beistehen, die mit etwa 4500 Schiffen in der Bucht von Fukuoka im Nordwesten von Kyûshû landen wollte. Bei diesem zweiten Versuch zur Invasion Japans verloren die Mongolen zwischen 60 % und 90 % ihrer Soldaten, in jedem Fall mehr als 100 000 Mann.

Auch nach diesem Sieg blieb die Bedrohung durch die Mongolen bestehen. Zwar wurde ein Plan für einen dritten Angriff auf die japanischen Inseln wegen des Todes von Kublai-Khan im Jahre 1294 nicht mehr in die Tat umgesetzt, doch verstärkten die Samurai in Kyûshû noch über Jahre hinweg die Befestigungsanlagen an der Küste. Das *bakufu* untersagte allen *gokenin* aus Kyûshû, nach Kyôto oder Kamakura zu reisen, rief sie und die *shugo* zur militärischen Präsenz und zu einer besseren Kooperation auf und verpflichtete auch solche Samurai zur Landesverteidigung, die in den Militärverbänden der privaten Landgüter des Hofadels ihren Dienst versahen.

Das politische Prestige des Hôjô-Regenten Tokimune war durch die erfolgreiche Abwehr der Invasion unzweifelhaft gestärkt worden. Dennoch machte sich unter seinen Gefolgsleuten eine gefährliche Unruhe breit. Gemeinhin war es üblich, die Samurai nach einer siegreichen Schlacht großzügig zu honorieren. Doch nach den Kämpfen gegen die Mongolen gab es kein neues Land zu verteilen. Zudem war in den Kassen des *bakufu* infolge der teuren Befestigungsanlagen kaum Geld. Darüber hinaus wurden weiterhin personale und pekuniäre Mittel benötigt, die immer selbstbewußter auftretenden Militärgouverneure in den Provinzen und das lästige Banditen- und Piratenunwesen im Zaum zu halten. Im Jahre 1275, unmittelbar nach dem ersten Angriff, erhielten 120 Krieger aufgrund besonderer Verdienste Auszeichnungen, Reisdeputate oder kleinere Ämter als Lehen zugesprochen. Das Gros der Krieger, die gegen die Mongolen gekämpft und sich als treue Vasallen erwiesen hatten, ging aber leer aus. Die Enttäuschung darüber war groß. Manch einer zog auf eigene Faust nach Kamakura, um dort seinen Lohn einzufordern, was aber nur wenigen gelang. Die Unzufriedenheit der Samurai mit dem *bakufu* hat deshalb wesentlich dazu beigetragen, daß die regierenden Hôjô an Autorität einbüßten. Die *shugo* in den Provinzen verselbständigten sich immer mehr, weil die Minamoto als Bezugspersonen ihrer Loyalität längst von der politischen Bühne verschwunden waren; und die zu kurz gekommenen *gokenin* suchten sich nach und nach neue Herren. Viele wandten sich in ihrer Enttäuschung auch wieder an den Kaiser und seine Entourage. So nimmt es nicht wunder, daß das Ende des Kamakura-Shôgunats wenige Jahrzehnte später von

Kyôto ausging. Dort gelang *tennô* Go-Daigo 1333 für wenige Jahre die Wiederherstellung der kaiserlichen Macht, nachdem er sich mit ehemaligen Vasallen des *bakufu* verbündet hatte. Zwar spielte die persönliche Loyalität dem Herrn gegenüber in diesen Machtkämpfen noch eine Rolle, aber sie war eben ein Verhältnis auf Gegenseitigkeit, das, wenn es von oben ökonomisch oder politisch nicht mehr befriedigt werden konnte, von unten aufgekündigt wurde.

IV. Kriegführung als Lebensordnung

Die Samurai zur Zeit des Muromachi-Shôgunats (1333–1568)

Mit dem Untergang des Kamakura-Shôgunats begann in Japan eine neue Epoche. Die Historiker haben ihr zwei verschiedene Namen gegeben. Die einen nennen sie Muromachi-Periode, was darauf verweist, daß der neue *shôgun* nun nicht mehr in Kamakura, sondern in einem Stadtteil Kyôtos mit Namen Muromachi residierte. Andere ziehen die Bezeichnung Ashikaga-Shôgunat vor und stellen damit die Familie heraus, die fortan das Amt des *shôgun* besetzte. Besonders gelungen ist keine der beiden Bezeichnungen, denn die einschneidenden politischen und sozialen Veränderungen fanden weder in der Hauptstadt statt noch hatten dabei die Ashikaga das Heft in der Hand. Vielmehr ist die Muromachi-Zeit von Machteinbußen des Zentralstaats und seiner Institutionen auf dem Lande charakterisiert. An seiner Stelle erhielten die Militärführer in den Provinzen eine bislang ungeahnte Autoritätsstellung. Bauern schlossen vermehrt feste Bündnisse, um sich gegen die drückenden Abgabenlasten zur Wehr zu setzen. Die Händler und Handwerker fanden sich in Gilden zusammen und hielten in den größeren Dörfern und Burgstädten regelmäßig Märkte ab. Hafenstädte wie Sakai, in der Bucht von Ôsaka gelegen, entwickelten rudimentäre Formen kommunaler Selbstverwaltung. Die Beziehungen zum Ausland, namentlich zu China, wurden über den Fernhandel wieder intensiviert. Dies alles war Ausdruck dafür, daß die politischen, militärischen oder ökonomischen Initiativen nicht mehr allein von Kyôto, dem Sitz des *shôgun* und des *tennô*, ausgingen. In Anlehnung an die von J. P. Mass für das Kamakura-Shôgunat geprägte Formel vom «dual government» müßte man deshalb mit Blick auf die Muromachi-Zeit eigentlich von «multiple governments» sprechen.

Die Auszehrung des zentralstaatlichen Machtmonopols zeigte sich nirgendwo deutlicher als an der formellen Spitze des älteren Systems. Dort sanken die *tennô* zu bloßen Marionetten der *shôgun* herab, nachdem der Versuch Go-Daigos zur Restaurierung der kaiserlichen Macht 1336 endgültig gescheitert war. Die politische Macht ging 1338 in die Hände des Militärführers Ashikaga Takauji über, der in Kyôto einen neuen Kaiser installierte. Der alte Kaiser Go-Daigo entfloh in die zentraljapanische Provinz Yamato. Das Kaiserhaus spaltete sich in der Folge in einen Nördlichen und in einen Südlichen Hof auf, die beide die legitime Nachfolge für sich reklamierten. Erst 1392 wurden beide Höfe wieder vereint, ohne ihren alten Glanz wiederzuerlangen. Zeitweilig war das Kaiserhaus so verarmt, daß sich die neuen *tennô* keine Inthronisationsfeiern mehr leisten konnten und diese auch nicht mehr gegen den Willen des *shôgun* bzw. seines Stellvertreters durchsetzen konnten.

Streitigkeiten und Machtkämpfe setzten sich auch auf der Ebene der *shôgun* fort. War der neue Begründer des Shôgunats noch ein machtvoller, wenn auch wertkonservativer Herrscher gewesen, der sich den Idealen der Minamoto verpflichtet fühlte, so war unter seinen Nachfolgern keine eindeutige politische Linie auszumachen. Manche agierten ausgesprochen autoritär, andere waren an politischen Dingen weniger interessiert und verlegten sich statt dessen auf die Förderung der schönen Künste. Das Machtvakuum füllten in der Regel die ehrgeizigen Stellvertreter des *shôgun* aus, die, wie beispielsweise die Hosokawa, den vornehmsten Familien entstammten. Intrigen und Fehden um den größten Einfluß im Land mündeten 1467 in einen elf Jahre andauernden Konflikt (Ônin-Krieg), der Kyôto zerstört zurückließ und die beiden zentralen politischen Institutionen, Kaiserhaus und Shôgunat, politisch bedeutungslos machte.

Das politische Geschehen verlagerte sich im 15. Jahrhundert in die Provinzen. Dort hatten sich im Zuge des fortschreitenden Autoritätsverfalls auf seiten des Zentralstaats bedeutsame Verschiebungen in den militärischen Kräfteverhältnissen ergeben. Die Militärgouverneure hatten es verstanden, ihre Machtpositionen auszubauen, und nahmen in den verschiedenen Regionen eine geradezu hegemoniale Stellung ein, nachdem ihnen zu Beginn des 15. Jahrhunderts die Erblichkeit ihrer Ämter zugestanden worden war. Dafür mußten sie in Kyôto residieren. Aufgrund der ihnen zugefallenen Steuerbefugnisse konnten diese sogenannten *shugo daimyô* bzw. ihre noch mächtigeren Stellvertreter ihren territorialen Einflußbereich immer weiter ausbauen. Dabei gerieten sie natürlich mit den militärischen Landverwaltern (*jitô*), mit lokalen Magnaten (*kokujin*) und ihren Nachbarn in fortdauernde Konflikte. Diese prägten nach dem Ônin-Krieg Staat und Gesellschaft Japans in der einhundert Jahre währenden «Epoche der kriegführenden Provinzen» (*sengoku jidai*). Zeitweilig herrschte in allen Landesteilen ein mit brutalsten Methoden ausgetragener «Bürgerkrieg» oder, wie man richtiger sagen sollte: ein Krieg der Krieger untereinander.

Diese Zeit bestimmt noch heute unser Bild der Samurai. Der Krieg im Innern brachte mit den *daimyô* (wörtl. «großer Name») eine neue militärische Elite an die Spitze der Macht. Man unterscheidet dabei zwei Gruppen. Die *shugo daimyô* kehrten nach dem Ônin-Krieg in ihre Provinzen zurück, verdrängten ihre Stellvertreter oder die lokalen Grundherren, hoben die verbliebenen Grundherrschaften (*shôen*) auf und etablierten sich als neue autokratische Territorialherren. Eine andere Möglichkeit war der Weg von unten, den die *sengoku daimyô* einschlugen. Sie erlangten den Status eines *daimyô* in ihrer Eigenschaft als Führer einer größeren Armee, die sich erfolgreich gegen die Ansprüche des *shugo* zur Wehr setzte. Oft wurde hier der legitime Amtsinhaber gestürzt und von einem hochgestellten Samurai ersetzt, der sich als der militärisch Fähigere erwiesen hatte.

Das Prinzip des *gekokujô* – die Unteren revoltieren gegen die
Oberen – hat wie kein anderes den Kriegerstand um 1500 ge-
prägt. Nicht verwandtschaftliche Bande oder Treueschwüre be-
stimmten den Weg eines Samurai, sondern die Macht des
Schwerts allein entschied über Sieg oder Niederlage, Leben oder
Tod.

Die *sengoku daimyô* verfügten wiederum selbst über eine
mehr oder weniger große militärische Entourage, die sich aus
verschiedenen Rängen von Samurai zusammensetzte. Ihre Vasallen nannte man in zeitgenössischen Dokumenten «*uchi no
mono*», am besten englisch übersetzt mit «Insiders». Der Begriff
selbst war nicht neu, sondern bezeichnete seit dem 15. Jahrhundert in einem ganz allgemeinen Sinne den Vasallen eines Herren.
Dabei prägten sich unterschiedliche Abhängigkeitsverhältnisse
heraus. Im wesentlichen können drei verschiedene Beziehungen
zwischen Herrn und Vasallen bzw. entsprechende Ränge voneinander abgesetzt werden. In einem besonderen Treueverhältnis zu ihrem Herrn standen in der Sengoku-Zeit die *fudai* oder
kachû («Hausleute»), die unter Umständen bereits über Generationen hinweg einem Haus gedient hatten und dafür mittlerweile erbliche Ämter bekleideten. Ihnen nachgeordnet waren
die *kunishû* («Männer der Provinz»), die unabhängiger und deshalb jederzeit in der Lage waren, Allianzen mit anderen großen
Kriegerhäusern oder benachbarten *daimyô* einzugehen. Die
tozama («Outsiders») waren bewaffnete Grundherren, die von
den *sengoku daimyô* im Verlauf des Krieges erst niedergerungen
werden mußten und sich danach eher unfreiwillig in ein Dienst-
und Treueverhältnis zu ihren neuen Herren begeben hatten. Es
wäre wohl falsch, wollte man in diesen Hierarchien eine Ordnung erkennen, die für alle Provinzen oder Territorien gleichermaßen galt. Zu unterschiedlich waren die ökonomischen und
politischen Bedingungen einer Region. Grundsätzlich aber wird
man festhalten dürfen, daß Familientraditionen oder ererbte
Ämter immer weniger galten. Dafür wurden die rein militärischen Kräfteverhältnisse wichtiger: Wo die *bushidan* der späten
Heian-Zeit und der Kamakura-Periode in der Regel kaum mehr
als 200 Mann umfaßten, stellten die Territorialherren in der

«Zeit der kriegführenden Provinzen» Armeen von mehreren tausend Mann auf.

Waffen und Rüstungen der Samurai

Es ist wohl hier der richtige Ort, in unserer Geschichte der Samurai für einen Moment innezuhalten und den Blick auf die Ausstattung der Krieger zu werfen. «Das Schwert ist die Seele des Samurai» – in diesem berühmten Diktum liegt ein wichtiger Schlüssel für das Selbstverständnis der Samurai. Das Schwert war für den Samurai nicht nur die wichtigste Waffe im Kampf von Mann zu Mann und rangierte vor Pfeil und Bogen, Speer und Hellebarde. Es war auch ein Statussysmbol und materieller Ausdruck einer elitären geistig-moralischen Disposition, wie sie später in einflußreichen Schriften über den Schwertkampf, zum Beispiel im berühmten «Buch der fünf Ringe» von Miyamoto Musashi aus dem Jahre 1645, festgehalten wurde. Für Krieger vom Schlage Musashis, der als Kämpfer eine Legende war, stellte das Schwert den wichtigsten Besitz im Leben eines Samurai dar; wer sein Schwert verlor, galt als entehrt. Der besondere Wert eines Schwertes hat darüber hinaus mit den spezifischen kulturellen und politischen Traditionen Japans zu tun, seit das Schwert der kaiserlichen Familie (neben Spiegel und Juwel) zu den Reichsinsignien gehörte und Schwerter als Opfergaben eine Rolle spielten. Hinzu kommen aber auch die besonderen Umstände der Herstellung eines Schwertes, der eine religiöse Zeremonie am shintôistischen Hausschrein und eine rituelle Reinigung des Schmieds vorherging. Und nicht zuletzt stellte ein formvollendetes Samuraischwert eine handwerkliche Meisterleistung von hohem künstlerischen Wert dar, die bis heute Betrachter und Sammler überall auf der Welt zu faszinieren weiß. Einige der besten Schwerter genießen heute in Japan den Rang eines Nationalschatzes.

Die Schwertschmiede genossen zu allen Zeiten ein hohes, im mittelalterlichen Japan sogar ein außergewöhnliches Ansehen. Die Herstellung eines Schwertes war höfisches Kunsthandwerk, weswegen sich die wichtigsten Schulen zuerst in der Nähe von

Kyôto, in Bizen (im Süden der heutigen Präfektur Okayama) und in Yamashiro (zwischen Kyôto und Nara), ausbildeten. Mit Beginn der Kamakura-Zeit verlagerte sich die Schwertfegerei dann in die Residenzstadt des *shôgun* und in ihre Umgebung. Die Schwertschmiede gehörten nicht wie andere Handwerker der Mittelschicht an, sondern rekrutierten sich aus dem Adel bei Hofe und aus den Samuraifamilien. Sie stellten also eine soziale Elite dar, die sich darüber hinaus durch die Beherrschung eines besonderen Kunsthandwerks auszeichnete. Als eine dem Adel gemäße Beschäftigung wurde die Schwertfegerei von *tennô* Go-Toba Ende des 12. Jahrhunderts ausdrücklich anerkannt. In der Sengoku-Zeit wurden den berühmtesten Schmieden sogar kaiserliche Titel verliehen.

Ein Schwert, zu dessen Herstellung etwa 14 Arbeitstage benötigt wurden, bestand im wesentlichen aus zwei Teilen, der Klinge und den Montierungen. Die einschneidigen Klingen waren leicht gekrümmt und aus gehärtetem Stahl gefertigt. Als Ergebnis des vielfachen Erhitzens und Härtens der Klingen bildeten sich auf der Klinge sogenannte Klingenfiguren aus, die ein feines Dekor abgaben. Die Montierungen waren ebenfalls aufwendig gestaltet; dies galt insbesondere für den Griff, das Stichblatt und die Scheide, die häufig mit aus der Natur entlehnten Mustern verziert wurden. Bis zur Tokugawa-Zeit war es durchaus üblich, fertige Schwerter an bereits hingerichteten Verbrechern auszuprobieren.

Zunächst wurden gerade und zweischneidige Schwerter bis etwa 900 aus China und Korea eingeführt. Danach bildete sich in Japan eine eigenständige Schwertschmiedekunst aus, die Fachleute heute in drei verschiedene Epochen untergliedern. Die Zeit der alten Schwerter (*kotô*) reicht bis ins 16. Jahrhundert hinein und ist unter anderem durch die Herstellung von solchen Schwertern charakterisiert, deren Klingen eine Länge von mehr als 120 cm hatten. Die Werkstätten befanden sich fast ausschließlich in der Nähe der Verwaltungszentren. In der Periode der neuen Schwerter (*shintô*), die die Zeit von der Reichseinigung im 16. Jahrhundert bis zur Meiji-Restauration umfaßt, wurde die Länge der Klingen reduziert. Es war dies eine Zeit, in

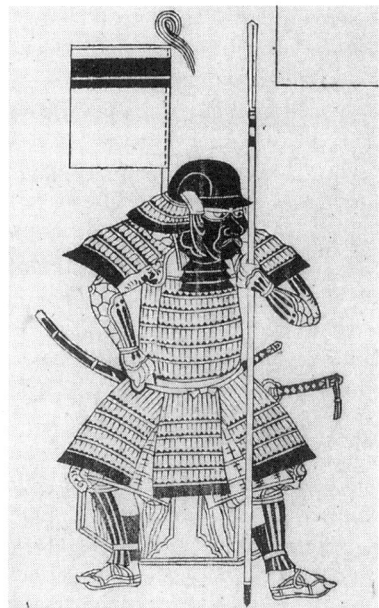

Abb. 3: Ein Samurai in voller Rüstung,
dargestellt in einem Holzschnitt von Murai Masahiro

der es zur Befriedung des Landes und seiner Kriegerschicht kam.
Die Schwerter verloren ihren funktionellen Wert, blieben aber
das wichtigste Statussymbol eines Samurai. Die dritte Periode
der japanischen Schwertfegerei *(shin-shintô)* beginnt dann nach
der Restauration, in deren Folge die Samurai ihr Privileg des
Schwertertragens verloren und die Schwerter nur noch als Han-
delsware, auch für den Export, hergestellt wurden.

Die Schwerter selbst werden nach ihrer Länge unterschieden. Am augenfälligsten waren die Längsschwerter *(daitô* oder
katana), die eine Klingenlänge von mindestens 60 cm haben
mußten. Als Hilfswaffe setzten sich dann ab dem 14. Jahrhundert die Kurzschwerter *(wakizashi)* mit einer Klingenlänge von
30 bis 60 cm durch. Sie wurden im Nahkampf benutzt, aber
auch für den rituellen Selbstmord oder das Abschneiden der

Köpfe von Gegnern, die als Siegestrophäen in sogenannten Kopfsäcken (*kubibukuro*) mit nach Hause gebracht wurden. Darüber hinaus verwendete man auch noch einen Dolch (*tantô*), dessen Klinge weniger als 30 cm maß. Er wurde auch von Frauen mitgeführt, wenn sie das Haus verließen.

Nicht weniger prächtig als die verschiedenen Schwerter der Samurai war ihre Rüstung. Ihr Stil hat sich im Detail gewandelt, in den Grundzügen aber fast 700 Jahre lang erhalten. Ursprünglich waren die Rüstungen für den Kampf zu Pferde gedacht und mußten deshalb elastisch sein. Sie bestanden aus zahlreichen kleineren Leder- und Metallsegmenten, die mit Riemen oder Schnüren miteinander verbunden waren. Die Rüstungen, die anzulegen Geschick verlangte, bestanden aus vielen Einzelteilen; sechs Teile (Helm, Maske, Leibpanzer, Schenkelstücke, Fechthandschuhe und Beinschützer) gehörten auf jeden Fall dazu. Bei besonderen Anlässen, etwa am Hofe oder in der Residenz des *shôgun* oder *daimyô*, wurden über der Rüstung noch Waffenröcke aus Seide, Wolle und lackierten Holzplättchen getragen. Die eisernen Helme mit Nackenschutz konnten mit einem Geweih verziert sein und gaben ihrem Träger ein noch bedrohlicheres Aussehen.

Die Anfänge der Reichseinigung durch Oda Nobunaga

In der herkömmlichen Vorstellung ist die «Zeit der kriegführenden Provinzen» ein Jahrhundert, das von Gewalt und Chaos geprägt war. Dies ist aber nur dann richtig, wenn man den Blick ausschließlich auf die zentralen politischen Organe in der Hauptstadt Kyôto richtet. In Wirtschaft und Gesellschaft Japans stellt sich die Sengoku-Periode vielmehr als eine Epoche verhaltener Modernisierung dar. Die Steigerung der agrarischen Produktion, die Belebung von Handel und Gewerbe, die Erschließung neuer Rohstoffe und vieles mehr führte in den Provinzen zu einem beachtlichen Fortschritt, und dies nicht trotz, sondern häufig gerade wegen der permanenten inneren Kriege. Die Kriegsherren konnten nur dann effizient und im Ergebnis erfolgreich kämpfen, wenn die Versorgung der Krieger gewährleistet war und die Bauern, wenn schon nicht loyal, so doch zumindest passiv blieben und sich nicht in sozialen Aufständen gegen ihre Herren verschworen. Die verbreitete, noch nicht flächendeckende Einführung der Geldwirtschaft hat mit dazu beigetragen, das Verhältnis von Herrschaft und Gehorsam auf der Basis festgeschriebener Besitzstände und Abgaben zu objektivieren. Indem der Wert eines Landes in Geld festgelegt wurde, konnte das Land-Steuer-System standardisiert werden; die Mobilisierung von Männern war nun kalkulierbarer. Reiche und wehrhafte Bauern, die aufgrund ihres Besitzes und Anhangs in einer Region eine Gefahr darstellten, wurden zum Teil in die Gruppe der Vasallen eines *warlords* aufgenommen; sie mußten nun keine Steuern mehr abführen, sondern leisteten als Fußsoldaten Dienst an der Waffe. Überhaupt gelang es den *sengoku daimyô* in der ersten Hälfte des 16. Jahrhunderts, ihre Vasallen wieder in ein hierarchisches System zu integrieren, wobei allerdings die Gefahr, von starken Militärführern in der eigenen Gefolgschaft gestürzt zu werden, bestehen blieb. Zur Disziplinierung der eigenen Verbände haben die *warlords* bestimmte Verhaltenskodizes (*gunritsu*) erlassen und ihre Kontrolle über jene insofern verstärken können, als sich ein Teil der Krieger in Burgstädten niederließ.

Der vermehrte Burgenbau war nur ein Zeichen für einen Wandel, der die Methoden der Kriegführung insgesamt betraf. Von den immer größeren Armeen war schon die Rede. Für die Heerführer bedeutete dies, daß es nun weniger auf den Kampf Mann gegen Mann ankam, sondern daß die Streitkräfte strategisch und operativ klug eingesetzt werden mußten, wollte man erfolgreich sein. Auch die Versorgung und Bewegung großer Armeen von mehreren tausend Mann verlangte nun einen höheren logistischen Aufwand. Die Fußsoldaten, die untereinander eigene Hierarchien ausbildeten, erlangten wieder eine größere Bedeutung. Der Grund dafür lag in der Einführung der Gewehre, die 1543 durch portugiesische Missionare nach Japan gebracht wurden. Ihr militärischer Wert wurde schnell erkannt. Der berühmte Kriegerfürst Oda Nobunaga setzte sie bei der Befriedung Zentraljapans geschickt gegen seine Gegner ein. Seine Vasallen, so wird aus dem Jahr 1549 berichtet, «übten sich in der neuen Waffe; und alsbald trafen viele von ihnen bei hundert Schuß hundertmal ins Ziel»(Perrin 1996:17). Später gingen die Nachfolger Nobunagas allerdings dazu über, die Herstellung und den Besitz von Feuerwaffen zu begrenzen. Seit 1607 durften Büchsen nur noch in wenigen Orten hergestellt werden. Alle Aufträge mußten zuvor von der Regierung genehmigt werden. Diese richtete für die Kontrolle der Werkstätten ein eigenes Amt ein. Diese Beschränkungen kamen den Samurai entgegen. Denn der Gebrauch von Gewehren verlangte dem Kämpfer in der Schlacht keine Tapferkeit mehr ab. Ein Samurai konnte selbst von einem Bauern mit dem Gewehr getötet werden. Dennoch verschwanden die Gewehre aus Japan nicht mehr vollständig. Aber sie blieben im Besitz derjenigen, die noch für über 300 Jahre in Japan die Macht ausüben sollten.

Die erneute hierarchische Einordnung in den Herrschaftsverband eines *warlords* wurde nicht allein auf dem Schlachtfeld entschieden, sondern war auch das Ergebnis juristischer Vorgaben, die die *sengoku daimyô* in der ersten Hälfte des 16. Jahrhunderts in ihren Territorien sukzessive durchsetzen konnten. Bis dahin hatten sich die Samurai als wehrhafte Grundbesitzer ein hohes Maß an Autonomie sichern können. Ihre Streitigkeiten untereinander hatten sie in der Regel ausgefochten, wenn eine gerichtliche Lösung nicht zu erwarten war oder sich ein Beteiligter mit dem Urteil nicht abfinden konnte. Nun wurde diesen internen Auseinandersetzungen ein juristischer Riegel vorgeschoben, weil alle Konflikte unter den Vasallen natürlich die Schlagkraft der ganzen Armee schwächten. Bei Androhung härtester Strafen für alle an einer Auseinandersetzung Beteiligten, ohne Ansehung von Schuld oder Unschuld, wurden die Samurai diszipliniert und der «öffentlichen Autorität» (*kôgi*) eines Territorialherren unterstellt. So hieß es beispielsweise in den Gesetzen der *sengoku daimyô* aus der Imagawa-Familie, «daß alle Parteien, die an einer Auseinandersetzung beteiligt sind, ungeachtet der Gründe für diese, mit dem Tode bestraft werden» (Ikegami 1995: 142). Hinter diesen und ähnlichen Bestimmungen stand das Bestreben, die eigene Gefolgschaft in eine militärische Solidargemeinschaft zu zwingen und über den Bereich der Vasallen hinaus im unmittelbaren Herrschaftsbereich eines *warlords* ein Gewaltmonopol zu etablieren.

Kein Kriegerfürst hat von diesen Bestimmungen, die sich bis zum Ende des 16. Jahrhunderts in ganz Japan durchsetzten, rücksichtsloser Gebrauch gemacht als Oda Nobunaga. Aber er wäre nicht als Reichseiniger in die Geschichte des 16. Jahrhunderts eingegangen, hätte er sich mit der Befriedung seines eigenen Herrschaftsgebiets in der Provinz Owari zufriedengegeben. Er weitete seinen Machtanspruch auf die Nachbarprovinzen und 1568, mit seinem Einmarsch in Kyôto, auch auf die Hauptstadt aus. Dort trat er zunächst noch für die Ernennung Ashikaga Yoshiakis zum *shôgun* ein. Dessen Illoyalität Nobunaga gegenüber mußten er und seine Verbündeten fünf Jahre später mit dem Verlust von Amt und Würden bezahlen: Das Muromachi-Shôgunat ging im Jahre 1573 sang- und klanglos unter. Statt dessen beherrschte mit Nobunaga nun in Zentraljapan ein mächtiger Feldherr 30 der mittlerweile 68 Provinzen.

Die Reformen Toyotomi Hideyoshis

Im Sommer 1582 stand Oda Nobunaga auf dem Zenit seiner Macht und war dabei, sich weiterer Gegner zu entledigen und seine Macht auf ganz Japan auszuweiten. Doch er wurde verraten, geriet in einen Hinterhalt und nahm sich daraufhin das Leben. Die Früchte seines Wirkens erntete ein anderer. Toyotomi Hideyoshi gehörte im Jahr von Nobunagas Tod bereits zu den bedeutendsten Heerführern seiner Zeit, obwohl sein Vater nur ein einfacher Fußsoldat war und er aus eher ärmlichen Verhältnisse stammte. Sein militärisches Geschick und seine politische Begabung demonstrierte er in dem Augenblick, in dem mit dem Tode seines Herrn ein gefährliches Machtvakuum entstanden war. Zwar stand er zu diesem Zeitpunkt mitten in einem Kampf gegen die Môri, doch handelte er sofort einen Waffenstillstand aus, zog nach Kyôto, rächte dort den Verrat an Nobunaga und setzte dann dessen politische Visionen in die Tat um. Anfang 1585 unterwarf sich mit Tokugawa Ieyasu sein

schärfster Widersacher um die Nachfolge Nobunagas. Noch im
gleichen Jahr eroberte Hideyoshi Shikoku, die kleinere der vier
Hauptinseln, und 1587 den Südwesten Japans. Drei Jahre später brach er den Widerstand der Hôjô-Sippe in Odawara und
herrschte fortan auch über die nordöstliche Kantô-Region. Nur
die nördlichen Territorien Honshûs wurden Anfang der 1590er
Jahre noch nicht von Hideyoshi kontrolliert. Dennoch wird
man sagen dürfen, daß er zu diesem Zeitpunkt der unumschränkte Herrscher Japans war.

Die Erfolge seiner militärischen Expansion (mit Ausnahme
der mißglückten Korea-Invasionen 1592/97) hatten Bestand,
weil sie von einem Bündel von Reformen begleitet waren, die
tief in die soziale und ökonomische Ordnung des Landes eingriffen. Dazu gehörten in erster Linie die Landvermessungen, die
zwar schon Nobunaga begonnen hatte, die unter Hideyoshi
aber noch entschiedener vorangetrieben und kurz vor seinem
Tode vollendet wurden. Dabei wurden die alten Besitzrechte zunächst annulliert, die Besitzer von bebaubarem Land in Katastern erfaßt und auf dieser Basis der Steuerertrag eines jeden
Dorfes bei einer normalen Ernte in *koku* Reis – ein *koku* entspricht etwa 180 Litern – neu festgelegt. Danach ergab sich für
das ganze Land ein Reisaufkommen von rund 18,5 Millionen
koku. Auf der Grundlage dieser Bemessung wurde das Land neu
verteilt, wobei die mit Hideyoshi alliierten *daimyô* für ihre
Treue mit wertvollen Lehen besonders honoriert wurden. Die
Reste der noch verbliebenen Privatgüter verschwanden vollends. Die Samurai erhielten von ihren Herren ein Stück Land als
Lehen, dessen Reisertrag ihrem Rang entsprach.

Ein anderes wichtiges Element der politisch-sozialen Neuordnung waren in den Jahren 1588–90 die sogenannten «Schwertjagden». Mit ihnen wurde das Gewaltmonopol der Kriegerschicht gegenüber den anderen Bevölkerungsgruppen, namentlich den Bauern, rigoros durchgesetzt. Unter der Leitung der
daimyô zogen Samuraiverbände durch alle Provinzen und zogen
sämtliche Schwerter, Lanzen und Musketen ein. Die Bauern
durften ihr Land nicht mehr verlassen, sondern mußten dieses
bearbeiten, da sonst das registrierte Steueraufkommen nicht zu

erzielen war. Indem man den Bauern die Waffen abnahm und ihre bislang geltende Bewegungsfreiheit einschränkte, nahm man ihnen den letzten Rest sozialer Autonomie.

Das Gewaltmonopol des sich formierenden absolutistischen Staates nahm auch die Samurai nicht aus. Sie verloren die Kontrolle über die ökonomische Basis ihrer Existenz und wanderten in die Burgstädte ab. Dort war es ihnen in ihren Residenzen nicht mehr erlaubt, Gästen uneingeschränkten Schutz zu gewähren. Außerdem wurde ihnen untersagt, den Herren zu wechseln. Untereinander wurden sie in Ränge geschieden und die einfachen Fußsoldaten von den Samurai separiert. Diese selbst unterschieden sich fortan in ihrer militärischen Ausstattung, der Größe ihrer Häuser, zeremoniellen Privilegien, Kleidung, Essen, Haartracht und anderen Kennzeichen. Allen gesellschaftlichen Gruppen wurde verboten, in einen anderen Stand überzutreten. Die *daimyô* wurden 1591 aufgefordert, alle Bewohner ihres Territoriums nach ihrem Status – Samurai, Bauern oder Stadtbewohner – zu erfassen. Die soziale Ordnung der Gesellschaft, so wie sie sich dann unter den Tokugawa wenige Jahre später entwickeln sollte, war mit diesen Maßnahmen bereits in ihren Grundzügen vorgezeichnet.

V. Das Alltags- und Privatleben der Samurai

Die vormoderne Gesellschaft Japans kannte keine scharfe Trennung von Privatsphäre und Öffentlichkeit. Der einzelne war durch Geburt und Stand in eine Gemeinschaft eingegliedert, die ihm nur wenig Spielraum für die Entfaltung der eigenen Persönlichkeit oder besonderer Interessen ließ. Will man dennoch die «Privatsphäre» der Samurai ausleuchten, so wird man zwangsläufig auf das «Haus» (*ie*) als Lebensgemeinschaft und Wirtschaftsform verwiesen. In diesem Bereich fanden die vier wichtigsten Ereignisse des vormodernen Menschen statt: die Geburt, die Initiationsfeier beim Eintritt in das Erwachsenenalter, die

Heirat und der Tod, sofern dieser den Mann nicht auf dem «Feld der Ehre» ereilte. Weil aber auch diese die Existenz eines jeden bestimmenden Ereignisse nicht rein privater Natur waren, wurden sie von den jeweiligen Regierenden rechtlich geregelt, wobei die Vorgaben des alten Ritsuryô-Systems und des Tokugawa-Shôgunats ausgeprägter waren als die der Kamakura- oder Sengoku-Zeit. Verallgemeinernde Betrachtungen stehen deshalb, wie der Historiker Shibata Jun zu Recht angemerkt hat, unter dem Vorbehalt, daß wir es allein beim frühneuzeitlichen Japan mit einem Zeitraum von fast dreihundert Jahren und bei den Samurai mit einer sehr heterogenen Schicht zu tun haben. In jedem Fall wird man davon auszugehen haben, daß sich die Trennung von privater und öffentlicher Sphäre nicht im Zuge einer rechtlichen Rationalisierung bzw. einer fortschreitenden geschlechtlichen Emanzipation vollzogen hat. Eher ist für die Wertschätzung und den Schutz privater Lebensformen eine wellenförmige Bewegung charakteristisch gewesen.

Familie, Frauen und Kinder

In der historischen Frauenforschung wird immer wieder darauf hingewiesen, daß Frauen im alten Japan im Vergleich etwa zur frühneuzeitlichen Tokugawa-Gesellschaft eine bessere soziale Stellung einnahmen und ihnen demgemäß eine höhere Wertschätzung entgegengebracht wurde. Die Tatsache, daß Frauen aus der Spitze der adeligen Hierarchie, wie Suiko 592 oder Kôken 749, sogar Kaiserinnen werden konnten, andere adelige Damen am Hof in Heiankyô vielfältige kulturelle Aktivitäten entwickelten und die Hochzeiten meist im Hause der Braut stattfanden, hat Historikerinnen wie Takamura Itsue zu der Auffassung gelangen lassen, die gesellschaftlichen und verwandtschaftlichen Strukturen vor der Nara-Zeit als weitgehend matriarchalisch einzustufen. In der neueren Forschung wird gemeinhin eher ein komplexes Gemisch patriarchalischer und matriarchalischer Elemente betont. Gleichwohl spricht vor allem die ökonomische Unabhängigkeit der Frauen aus begüterten Familien dafür, ihre starke Stellung in der japanischen Gesellschaft zumindest bis zur späten Kamakura-Zeit auch weiterhin zu betonen. Man wird aber danach fragen müssen, warum es ausgerechnet in den Familien der Samurai zu jener Zeit zu einer Schwächung ihrer Position gekommen ist.

Wer sich mit der Geschichte von Frauen und Familien in der japanischen Gesellschaft vor 1200 beschäftigen will, hat schwierige Probleme hinsichtlich der Quellen zu meistern. Die Beziehungen der Geschlechter und die verwandtschaftlichen Bindungen sind in der Regel nur dürftig dokumentiert. Die rechtlichen Bestimmungen über das Verhältnis von Mann und Frau blieben bis ins Mittelalter hinein vage. Immerhin sind einige Testamente, Verträge über Besitzumschichtungen und Chroniken überliefert, die uns heute über die Lage der Frauen näheren Aufschluß geben können. So steht außer Frage, daß sich die starke Stellung der Frau insbesondere einem ausgeglichenen Erb- und Besitzrecht verdankte. In diesem Sinne blieben Frauen Töchter, auch wenn sie heirateten. Im «Azuma kagami», der offiziellen Chronik des Kamakura-Shôgunats, hieß es in einer Eintragung zum Jahr 1248, daß der Besitz einer verstorbenen Frau aus einer Kriegerfamilie an ihre Kinder fallen sollte, insofern Kinder vorhanden waren. Anderenfalls werde ihr Besitz an ihre Familie zurückfallen und nicht ihrem Ehemann überschrieben. Dementsprechend kannte das frühe japanische Erbrecht auch keine Mitgift oder Aussteuer; das Erbe der Eltern, ob Haus oder Grund, blieb der Tochter erhalten, es sei denn, daß dem Ehemann das Eigentum seiner Frau vor deren Tod ausdrücklich überschrieben worden war, was gelegentlich vorkam. Im allgemeinen wurde der Besitz der Eltern unter die Nachkommen aufgeteilt, aber zu ungleichen Teilen. Wenn keine Söhne vorhanden waren, fiel er an die «bevorzugte Tochter» (*chakujo*); das war meistens die älteste.

Neben der Erbschaft von den Eltern oder vom Ehemann gab es für Frauen noch andere Möglichkeiten, Eigentum zu erwerben. Die Frauen der frühen Samurai, die ja noch eng mit dem Land als Wirtschaftseinheit und Lebensordnung verbunden waren, beteiligten sich zum Teil selbst an der Urbarmachung von Land und nahmen dieses dann in Besitz, oder sie erhielten Land

von höhergestellten adeligen Grundherren als Lohn für besondere Pflegedienste. Daß den Frauen in der mittelalterlichen Gesellschaft aufgrund ihrer Besitzansprüche eine besondere Rolle
zugedacht war, mag man auch aus den rechtlichen Bestimmungen des offiziellen Gesetzwerks in der Kamakura-Zeit, dem
«Goseibai shikimoku» von 1232, herauslesen. Von den ursprünglich 51 Artikeln, die geltende Gewohnheiten rechtlich
fixierten, behandelten 18 Artikel das Verhältnis zwischen Herren und Vasallen, und allein sieben davon regelten die Besitzansprüche der Frauen.

Am Ende der Kamakura-Zeit setzte dann ein sozialer und
rechtlicher Transformationsprozeß ein, der sich bis ins 16. Jahrhundert erstreckte und im Ergebnis zu einer Marginalisierung
der Frauen in Staat und Gesellschaft führte. Auslöser dieses Vor-
gangs waren die bereits geschilderten Mongolen-Invasionen der
Jahre 1274 und 1281 und deren Folgen. Wegen der erheblichen
Aufwendungen für die Verteidigung wurden nicht nur die
Finanzen des *bakufu* ausgezehrt; auch das Treueverhältnis der
Vasallen zu ihren Herren wurde untergraben, weil diese ihre
Kämpfer nach dem Sieg nicht mit erobertem Land honorieren
konnten. Unter den Samurai machte sich deshalb ein großer Un-
mut breit, der schließlich den Sturz des Kamakura-Shôgunats
und den politischen Zerfall der Zentralgewalten mit beschleu-
nigt hat.

Für die Frauen aus dem Kriegerstand waren die Mongolen-
Invasionen insofern bedeutsam, als sie die ältere Vorstellung der
Verbindung von Landbesitz für Waffendienst wiederbelebten.
Hier waren die Frauen den Männern gegenüber deutlich be-
nachteiligt, auch wenn einige Eigentümerinnen männliche Ver-
treter als Krieger entsandten. Nach der Zurückwerfung der
Mongolen wurde die Rolle der Männer in den Familien gestärkt; das galt insbesondere für die sogenannten «Hausvorstände» (*sôryô*). Der Hausherr erhielt immer häufiger den
Hauptteil eines Erbes, organisierte den Ahnenkult, hatte den
militärischen Oberbefehl inne und galt im Herr-Vasallen-Ver-
hältnis als offizieller Repräsentant eines «Hauses» (*ie*). Damit
einher ging eine Konsolidierung des Familienbesitzes. Geschwi-

ster wurden fortan vom Erbe ausgeschlossen. Für die Krieger-
häuser der südwestlichen Hauptinsel Kyûshû erließ das *bakufu*
im Jahre 1286 Bestimmungen zum Erb- und Besitzrecht, wonach im Falle von Kinderlosigkeit die Adoption eines männlichen Verwandten vorgeschrieben wurde. Witwen verloren bei
Wiederheirat ihr Eigentum.

Viele Samurai-Frauen haben versucht, sich gegen die Auszehrung ihrer rechtlichen und sozialen Stellung zu wehren, als sie
nur noch zu Lebzeiten über ihr Eigentum verfügen und dieses
nicht mehr testamentarisch an ihre Kinder weitergeben konnten. Insbesondere zum Ende des Kamakura-Shôgunats mehrten
sich Klagen gegen den Verlust an Häusern, Land und Ämtern.
Die Gerichte haben jedoch in den Jahren zwischen 1293 und
1333 nahezu alle von Frauen angestrengten Prozesse niedergeschlagen. Gleichwohl bedeutete dieser Prozeß einer schleichen-
den Besitzumwandlung keinen endgültigen Herrschaftsverlust.
Noch in den 1380er Jahren sind weibliche Vögte bekannt. Besitzrechte konnten von Frauen jedoch nur unter der Verwal-
tungsaufsicht des männlichen Hausvorstandes ausgeübt werden. Die Frauen der Samurai wurden auf diese Weise sukzessive
ihrer ehemals starken Stellung beraubt, und zwar sowohl in der
Öffentlichkeit als auch im «privaten» Bereich.

Daß man für das vormoderne Japan nur in bedingtem Maße
von einer Privatsphäre sprechen kann, zeigt auch jener Bereich,
der gemeinhin als der intimste der menschlichen Lebensformen
gilt: der Bereich von Liebe und Sexualität, Ehe und Geburt. Da
es in Japan keinerlei religiöse Einschränkungen bezüglich der
Befriedigung sexueller Bedürfnisse gab, war die alte Gesellschaft
durch ein hohes Maß an Freizügigkeit charakterisiert. Je nach
sozialer Schichtung und den finanziellen Möglichkeiten des
Mannes waren die Beziehungen zwischen den Geschlechtern
monogam, seriell-monogam oder polygam, wobei dem männlichen und weiblichen Hofadel in Kyôto eher eine Vorliebe für
sexuelle Abwechslungen nachgesagt wurde als dem Kriegerstand. Schon vor der Ehe konnten Männer und Frauen sexuelle
Erfahrungen sammeln; Jungfräulichkeit war noch kein Wert an
sich und wurde vom künftigen Ehepartner auch nicht erwartet,

wohl aber Treue nach der Hochzeit. Daß Frauen mit mehreren
Männern eheähnliche Beziehungen unterhielten, wenn sie nach
der Heirat noch im Hause der Eltern blieben, war eher eine Ausnahme. Für Männer aus dem Samuraistand war es hingegen
selbstverständlich, sich neben der Ehefrau auch noch eine oder
mehrere Konkubinen zu halten. Der elfte Shôgun Tokugawa
Ienari verdankt seinen Ruhm weniger politischem Genie als
dem Umstand, daß er mit 41 *sokushitsu* (Konkubinen, die dem
Adel und höheren Samurai vorbehalten waren) 55 Söhne und
Töchter zeugte.

Im Samuraistand mußten außereheliche Verhältnisse zumin-
dest der äußeren Form nach von der Ehefrau toleriert werden.
Ihre herausgehobene Stellung wurde auch dann nicht angetastet, wenn die in Nebengebäuden wohnenden Geliebten des
Hausherrn an ihrer Stelle Kinder bekamen. Sie sorgten damit
für den Fortbestand der Familie, wenn keine rechtmäßigen
Nachkommen geboren wurden. Konventionen und gesetzliche
Restriktionen stellten sicher, daß die Konkubinen, die meist niederen sozialen Schichten entstammten, in der Öffentlichkeit die
Ehefrauen nicht brüskierten. So war es beispielsweise Konkubinen in der Tokugawa-Zeit verboten, ein eigenes Haus zu be-
wohnen. Vielmehr wurden sie als Dienstpersonal behandelt und
als solches von der Ehefrau beaufsichtigt.

Homosexualität war am Hofe und unter den Samurai in den
Burgstädten weit verbreitet. Quellen berichten von Söhnen des
Adels, die sich am Hof in Kyôto wie Frauen zurechtmachten.
Homoerotische Verhältnisse gaben den Treuebindungen der
Krieger noch eine zusätzliche emotive Dimension. Nicht zuletzt
aus diesem Grunde wurde den Männerfreundschaften in der
Edo-Zeit manches literarische Denkmal gesetzt, etwa durch den
Dichter Ihara Saikaku. Unabhängig von der sexuellen Präferenz
war für den Samurai entscheidend, daß er im Konflikt zwischen
Liebe und Pflicht seine Leidenschaften zu kontrollieren ver-
mochte und demgemäß sein Leben eher dem Herrn als einer
Frau oder einem Jüngling zu opfern bereit war.

Ehen kamen in der Regel durch Vermittlung der Eltern oder
höhergestellter Samurai zustande, doch konnte auch eine Lie-

*Abb. 4: Ein junger Samurai in den Armen
einer schönen Frau. Holzschnitt von Hishikawa Moronobu
aus den 1680er Jahren*

besbeziehung oder ein sexuelles Verhältnis in eine Ehe münden.
Die Eheschließung konnte dabei verschiedene Funktionen erfül-
len: Sie hat gelegentlich ein Liebesverhältnis formalisiert, Besitz-
oder Versorgungsansprüche geklärt oder politisch-militärische
Bündnisse konstituiert. Nicht selten wurden im letzten Fall die
Frauen Opfer einer rücksichtslosen Heiratspolitik. So wurde
zum Beispiel Prinzessin Asahi, die Schwester Toyotomi Hideyoshis, von ihrem Mann geschieden, um Tokugawa Ieyasu zu
heiraten und damit eine enge politische Verbindung zwischen
beiden Männern zu begründen.

Die rechtlichen Festlegungen für den formalen Zusammen-
schluß von Mann und Frau waren unter dem alten Ritsuryô-
System und dem Tokugawa-Shôgunat ausgeprägter als im Mittelalter. Es bedurfte in dieser Zeit keiner zivilen Autorität; die
Eheschließung wurde nicht amtlich fixiert. Sie war eine infor-
melle und private Veranstaltung. Verboten waren allerdings
Hochzeiten über Standes- und Provinzgrenzen hinweg; im letzten Fall waren in einigen Regionen Ausnahmeregelungen vorge-

sehen. Frauen aus anderen Teilen Japans waren als zugezogene Ehefrauen verdächtig; man kannte ihre Familien nicht und nahm an, daß es wohl gute Gründe dafür gab, warum eine Frau in ihrer Heimat keinen Mann gefunden hatte. In der Tat kamen solche Frauen gelegentlich aus Familien, in denen es häufig zu Krankheiten gekommen war. «Reines Blut», d. h. Gesundheit, und der angemessene soziale Status waren deshalb wichtige Kriterien für die Wahl des Ehepartners. Die Auswahl von Braut und Bräutigam lag meistens in den Händen der Eltern und erforderte die Zustimmung der Hausvorstände. Der Altersunterschied der beiden Kandidaten sollte nicht mehr als zehn Jahre betragen, und die Tierkreiszeichen mußten zueinander passen. Das Heiratsalter der Mädchen betrug 14 bis 17 Jahre, das der Jungen lag zwischen Anfang und Mitte 20. Einer übereinstimmenden Entscheidung der Eltern und Kinder folgte die Verlobung, bei der unter den Samurai erste Geschenke wie Seetang oder wertvolle Fische ausgetauscht wurden. Mit der Annahme der Geschenke war die Verbindung von Mann und Frau faktisch konstituiert.

Die Hochzeit selbst fand bis zur späten Kamakura-Zeit häufig im Hause der Braut statt, danach beim Bräutigam. Gelegentlich war ein Shintôpriester zugegen. Besiegelt wurde der Eheschluß mit dem Austausch von drei Tassen Reiswein (*sake*), so wie es die «Etiketteregeln für die Samurai» aus den Jahren 1358–1401 vorsahen. Danach wurde die Frau zum «Haus» ihrer neuen Familie geleitet, bei höhergestellten Samurai in einer Sänfte. Der Ehemann folgte in festlicher Rüstung auf einem Pferd oder erwartete sie im Elternhaus, wenn sie in Begleitung von Vasallen ihres Vaters kam. Junge Frauen aus sehr wohlhabenden und traditionsbewußten Familien trugen bei der Hochzeit einen weißen Kimono. Dieser symbolisierte nicht sexuelle Unberührtheit, sondern galt als Ausweis dafür, daß die Frau keinen eigenen Lebensstil ins Haus ihres Gatten tragen wollte, sondern einer «zweiten Erziehung» durch ihre Schwiegermutter zugänglich war. Nach der Ankunft wechselte sie deshalb die Kleidung, rasierte sich die Augenbrauen und färbte sich fortan die Zähne schwarz (*ohaguro*), – eine Sitte, die sich im Hofadel und bei den Samurai bis ins 19. Jahrhundert erhalten hat.

Schwierig gestaltete sich die Lage bei den Söhnen aus ärmeren Samuraifamilien. Im Lehen Mito konnte zur Edo-Zeit nur der älteste Sohn heiraten; die jüngeren Brüder konnten sich in diesen Familien keine Frau leisten, lebten mehr oder weniger allein in einem Nebengebäude des Elternhauses oder ließen sich in Familien adoptieren, in denen kein Sohn als Erbe vorhanden war. Oft waren Adoption oder Einheirat ein probates Mittel, die Besitzrechte an Land und Ämtern zu sichern. Der Gedanke an die soziale Sicherung hat auch die Wiederheirat nach dem Tode eines Ehepartners erleichtert. Sie war kein soziales Stigma, denn die Todesrate war infolge von Kriegen, Krankheiten oder Fehlgeburten hoch; nur die Hälfte aller Kinder erreichte im alten Japan das Erwachsenenalter. Beim Tod des Ehemannes blieb eine Frau allerdings in seinem Haus, wenn Kinder vorhanden waren; anderenfalls wurde sie zu den Eltern oder zu den Brüdern zurückgeschickt.

Eine Scheidung war für Angehörige des Samuraistandes schwieriger durchzuführen als für Mitglieder anderer Sozialschichten. Während ein Kaufmann lediglich die Familie der Frau von seiner Absicht unterrichten mußte, erforderte die Scheidung in einer Samuraifamilie die Information und Anhörung aller Beteiligten, bei niederen Samurai sogar die Zustimmung des Herrn. Die Erwähnung von Trennungen in den Tagebüchern und Chroniken und die rechtlichen und moralischen Festlegungen in solchen Fällen legen die Vermutung nahe, daß Scheidungen in der mittelalterlichen und frühneuzeitlichen Gesellschaft nicht eben selten vorkamen; genaue Zahlen liegen darüber nicht vor, da Scheidungen amtlich nicht registriert wurden. Gemeinhin war eine Scheidung ein Vorrecht der Männer. In der «Großen Schule für Frauen» («Onna daigaku»), einer 1729 entstandenen Tugendlehre für Frauen aus dem Samuraistand, waren sieben Gründe für eine Scheidung aufgeführt: Ungehorsam gegenüber den Schwiegereltern, Unfruchtbarkeit, Unzucht, Eifersucht, ansteckende Krankheiten, Geschwätzigkeit und Diebstahl. Die offensichtliche Benachteiligung der Frauen ist in

einigen Regionen dadurch auszugleichen versucht worden, daß
die Eltern der Frauen vom künftigen Gatten bei Eheschließung
einen Eid verlangten, sich von der eigenen Tochter niemals zu
trennen. Geschah dies dennoch, mußten die Frauen zu ihren
Eltern zurückkehren; gemeinsame Kinder verblieben im Haus
des Mannes. Es sind aber auch Fälle nachweisbar, in denen
Frauen die Initiative zur Scheidung ergriffen haben oder nach
Mißhandlungen weggelaufen sind. Die Opfer gewalttätiger Ehe-
männer fanden seit der Kamakura-Zeit in sogenannten «Schei-
dungstempeln» (*enkiridera*) Zuflucht. So hat beispielsweise der
Tôkei-Tempel in Kamakura etwa 70 bis 80 Frauen eine sichere
Bleibe geboten. Die Frauen mußten allerdings zuerst drei Jahre,
nach einer Verfügung des Kaisers Go-Daigo, dann zwei Jahre in
diesen Tempeln bleiben. Über das weitere Schicksal der Frauen
wissen die Quellen nichts zu berichten.

Für das Leben in Ehe und Familie breitete das schon erwähn-
te Lehrbuch «Onna daigaku» («Die große Schule für Frauen»)
einen genauen Katalog von Pflichten aus: «Wie viele Dienst-
boten die Frau auch beschäftigen mag, sie darf nicht vor der
Mühe ausweichen, sich um alles selbst zu kümmern. Sie muß die
Kleidung für ihren Schwiegervater und ihre Schwiegermutter
nähen und ihre Nahrung bereiten. In steter Bereitschaft für die
Ansprüche ihres Ehemannes muß sie seine Kleidungsstücke fal-
ten und seine Decke ausbürsten, seine Kinder aufziehen, wa-
schen, was schmutzig ist, immer im Mittelpunkt des Hauses stehen und niemals ohne Not nach auswärts gehen ...» (Storry
1978: 90). Dieses «Idealbild» einer Samuraifrau löste sich in
den letzten Jahrzehnten des Tokugawa-Shôgunats mehr und
mehr auf. Frauen aus ärmeren Familien nahmen insbesondere
Tätigkeiten im Textilgewerbe auf. So kam es dazu, daß die soziale Differenzierung innerhalb und unterhalb des Samuraistandes die statische Feudalordnung der Tokugawa-Gesellschaft
durchsetzt und überlagert hat: Die Frauen der wenigen reichen
Samurai, der Kaufleute und Bauern arbeiteten nicht; die ärmeren waren zu irgendeiner Art von Arbeit gezwungen, um mitzu-
helfen, die eigene Familie durchzubringen. Für die Verschlechte-
rung der sozialen Lage haben historische Demographen eine

Reihe triftiger Daten vorgelegt, die insbesondere auch die Frauen betrafen: Die Zahl der geborenen Kinder im Samuraistand sank ab ca. 1750 merklich ab, denn immer weniger Samuraimänner konnten sich immer weniger Frauen leisten. Schließlich nahm auch in Samuraifamilien die Zahl der Kindstötungen und Abtreibungen zu. Dies alles wies nach 1800 auf einen dramatischen Wandel der ökonomischen Verhältnisse und der sozialen Ordnungen hin. Von diesem Prozeß waren Männer und Frauen gleichermaßen betroffen. Dennoch bleibt hier festzuhalten, daß insbesondere Frauen aus dem niederen Samuraistand die sozialen und wirtschaftlichen Umbrüche besser zu meistern verstanden als die Frauen der höhergestellten «Krieger» in den Verwaltungen. Fast alle Lehrerinnen in Schulen der frühen Meiji-Zeit entstammten Familien aus dem niederen Samuraistand in den Provinzen. Für Frauen, die mit Männern aus dem *bakufu* verheiratet waren, bedeutete die Restauration von 1868 hingegen einen tiefen sozialen Abstieg; nicht selten führte der Verlust sämtlicher Einkünfte dazu, daß die Frauen in die Prostitution getrieben wurden.

Geburten waren auch in Samuraifamilien alltägliche Angelegenheiten, und zwar sowohl für die Ehefrauen als auch für die Konkubinen des Mannes. Vorbereitet und betreut wurden die jungen Mütter von Schwestern, nahen Verwandten oder, im Fall der Nebenfrauen, von weiblichem Dienstpersonal. Die Neugeborenen wurden nach dem Abnabeln trockengerieben, die Jungen dann ins Bett der Mutter gelegt; die ältere Sitte, Mädchen nach der Geburt drei Tage lang auf dem Boden liegen zu lassen, ist in der Edo-Zeit, mit Ausnahme einiger ländlicher Gebiete, weitgehend verschwunden. Am dritten Tag wurde den Kindern ein Name gegeben, und sie wurden zum ersten Mal gestillt. Das erste Bad erhielten Neugeborene nach sieben Tagen, wobei dem Badewasser in wohlhabenden Samuraifamilien Juwelen und Tierskulpturen als Glücksbringer beigegeben wurden. An die frische Luft kamen Jungen zum ersten Mal 31 Tage nach der Geburt, Mädchen nach 33 Tagen. Die erste feste Nahrung erhielten die Kleinen im Rahmen einer Zeremonie 120 Tage nach der Geburt.

Die Erziehung der Kinder verlief bei Jungen und Mädchen natürlich ganz unterschiedlich. Auch war der Anteil der Jungen, die eine konfuzianische Lehranstalt unter der Aufsicht der Lehensprovinz (*han*) oder eine Tempelschule besuchten, höher als der der Mädchen. Der Schultyp und die Häufigkeit des Schulbesuchs hing vom Status des Vaters ab. Der Sohn eines höhergestellten Samurai mit einem Jahreseinkommen von etwa 500 *koku* Reis besuchte in der Regel eine konfuzianische Lehranstalt, während die Söhne niederer Samurai zusammen mit den Söhnen von reichen Kaufleuten und Bauern in eine buddhistische Tempelschule gingen, wo sie allerdings je nach Stand in unterschiedlichen Klassenräumen unterrichtet wurden. Der Sohn eines höhergestellten Samurai ging etwa 15 Tage im Monat zur Schule. Die Kosten dafür waren gering; als Ausstattung waren ein einfacher Hosenrock (*hakama*), Papier und Pinsel nötig. Der Eintritt in die Schule war jederzeit möglich und mit einem Geschenk (Geld oder wertvoller Fisch) verbunden; das stimmte den Lehrer milde. Im Unterricht wurden die chinesischen Schriftzeichen und die japanischen Silbenschriften eingeübt und später dann die chinesischen Klassiker rezitiert. Darüber hinaus übten sich die Jungen unter der Anleitung ihres Vaters im Reiten und im Schießen mit Pfeil und Bogen, am liebsten bei der Hasenjagd.

Eine lebensgeschichtliche Zäsur markierte der Eintritt ins Erwachsenenleben, der je nach Region im Alter zwischen 11 und 16 Jahren erfolgte und mit einer besonderen Zeremonie (*gempuku shiki*) verbunden war. Den jungen Männern wurde nun erlaubt, neben dem Kurzschwert auch ein langes Schwert zu tragen. Des weiteren erhielten sie einen neuen *hakama*, einen endgültigen Namen und einen dazu passenden Stempel, der mit einem spezifischen Schriftzeichen versehen war. Ihnen wurde teilweise der Kopf rasiert und ein Zopf geknotet und damit die Frisur derjenigen der Männer angepaßt. Schließlich wurde ihnen zum Zeichen ihrer sozial herausgehobenen Stellung eine besondere Kopfbedeckung verliehen (*eboshi* oder *kanmuri*). Die Söhne der hochgestellten Samurai trugen bei der Gelegenheit ein eigenes Gedicht vor und unterschrieben es mit ihrem Blut.

Im Vergleich zu den Jungen wurde von den Mädchen nicht erwartet, daß sie eine große Zahl chinesischer Schriftzeichen beherrschten. Aus dem Lehen Mito ist bekannt, daß Mädchen schwerer zu verheiraten waren, wenn sie gut ausgebildet waren. So mußten die Mädchen im Gegensatz zu ihren männlichen Mitschülern erst nach dem Frühstück in der Schule erscheinen, wenn sie überhaupt eine Ausbildung in den dafür zuständigen Lehranstalten erhielten. Ab dem 12. Lebensjahr besuchten die Mädchen spezielle Hauswirtschaftsschulen, in denen sie vor allem Weben und Nähen lernten; denn als Ehefrauen waren sie später nicht nur für die Nahrungsbeschaffung und -zubereitung zuständig, sondern gleichermaßen für die Kleidung der gesamten Familie. Des weiteren wurde ihnen beigebracht, wie sie sich zurechtmachen mußten. (Zwar kannte die Edo-Zeit den Beruf des Friseurs; dieser durfte allerdings in Samuraihaushalten nicht tätig werden, sondern nur in den Bürgerhäusern und in den Freudenvierteln.) Was die Kleidung und das Make-up anbelangte, so gab es Vorschriften, die den Frauen (und den Männern) eine zu auffällige oder luxuriöse Aufmachung verboten. Die Gelegenheiten, sich als Frau in der Öffentlichkeit zu zeigen, waren allerdings beschränkt. Besuche von Tempeln, Schreinen oder Gräbern sowie die Neujahrstage boten nur wenig Gelegenheit, dem tristen Hausfrauenalltag zu entfliehen.

Wohnverhältnisse, Nahrungsmittel und Kleidung

In der im Nordosten der Hauptinsel Honshû gelegenen Präfektur Akita befindet sich die beschauliche Kleinstadt Kakunodate. Sie ist Japanern nicht nur wegen der schönen Heilbäder in ihrer Umgebung bekannt, sondern auch deshalb, weil sich im Norden der Stadt bis heute eine eindrucksvolle Anlage von Samurai-Residenzen erhalten hat, so wie sie für die Edo-Zeit typisch waren. Wie viele Burgstädte war auch Kakunodate eine geplante, keine gewachsene Stadt. Der Ort bot sich als Siedlung an, weil er an drei Seiten von Hügeln umgeben und deshalb leicht zu verteidigen war. Nach Errichtung der heute nicht mehr existierenden Burg durch den *daimyô* Ashina Yoshikatsu im Jahre 1620

lebten in der kleinen Burgstadt nicht mehr als 350 Handwerker-
und Kaufmannsfamilien und 80 Samuraifamilien. Die Wohn-
viertel der verschiedenen sozialen Stände waren durch einen
größeren Platz mit Verwaltungsgebäuden voneinander geschieden. Die Samuraihäuser befanden sich in der Nähe der Burg.
Die Grundstücke erhielten die Samurai von ihren Herren; die
Häuser mußten sie allerdings auf eigene Kosten errichten lassen.
Eine Besitzsteuer auf Haus und Grund mußte nicht entrichtet
werden. Dafür waren die Samurai für den repräsentativen Erhalt ihrer Häuser verantwortlich. Die Hauptvasallen des *daimyô* (*jûshin*) wohnten entweder in der Burg selbst oder in un-
mittelbarer Nähe. Es folgten dann nach Maßgabe der sozialen
und militärischen Rangordnung die niederen Samurai (*kakyû
bushi*) bis hin zu den einfachen Fußsoldaten (*ashigaru*), die sich
in den Randbezirken des Samurai-Viertels ansiedelten.

Nicht nur der Standort, sondern auch die Größe der Grundstücke und der Häuser bemaß sich nach dem Status und dem
Einkommen eines Samurai: Das Reisstipendium eines höheren Samurai betrug zwischen 1500 und 3000 *koku* Reis, was
zu einem Grundstück in der Größe von bis zu 900 *tsubo* – ein
tsubo entsprach 3,3 qm – berechtigte. Ein Samurai mit weniger
als 1500 *koku* Jahreseinkommen mußte sich mit einem Grundstück von 600 *tsubo* bescheiden. Die direkten Vasallen des *shôgun* (*hatamoto*) in Edo verfügten über Grundstücke zwischen
2500 *tsubo* (unter 7000 *koku* Einkommen) und 2000 *tsubo*
(zwischen 6000 und 4000 *koku* Einkommen).

Entsprechend unterschiedlich war die Ausstattung der Häuser selbst. Nach außen hin war das Eingangstor in Größe und
Gestaltung ein Statussymbol. In Kakunodate etwa baute die
Familie Aoyagi im Jahre 1860 ein repräsentatives Tor, nachdem
ihr der *daimyô* dazu aufgrund der besonderen Verdienste seines
Vasallen die entsprechende Erlaubnis erteilt hatte. Das Haus
selbst, mit einem L-förmigen Grundriß, verfügte über drei Ein-
gänge: Der am aufwendigsten gestaltete Eingang war Gästen
vorbehalten, ein zweiter diente der Familie, und der dritte führte
in die Küche und wurde nur vom Dienstpersonal benutzt.

Die höhergestellten Hausvasallen der *daimyô* verfügten über die größten Häuser mit Nebengebäuden, in denen die Eltern, unverheiratete Brüder, eigene Vasallen oder Nebenfrauen unter- gebracht waren. Den «öffentlichen», Besuchern vorbehaltenen Raum eines mittelgroßen Samuraihauses, oft mit Blick in den Garten, erreichte man über den Eingangsbereich und ein Vor- zimmer. Gleich- und niederrangige Standesgenossen wurden vom Hausherrn hier im Sitzen erwartet, höherrangige wurden am Tor empfangen. Der Vorraum führte in ein Gästezimmer. Dahinter verband ein langer, öffentlich nicht zugänglicher Kor- ridor den Gästeraum mit den Privatzimmern. Eines davon dien- te dem Hausvorstand als Studierzimmer, die anderen wurden von der Familie als Wohn- bzw. Schlafzimmer genutzt.

In einem dieser Räume wurde auch das Essen gemeinsam ein- genommen. Die kulinarischen Finessen der modernen japa- nischen Küche waren den Menschen der Edo-Zeit unbekannt. Auch der Kriegerstand machte hierbei keine Ausnahme. Von Festtagen und besonderen familiären Anlässen abgesehen, war der Speisezettel eher monoton. Morgens gab es neben Reis ein- gelegtes Gemüse und eine Miso-Suppe, abends frisches Gemüse und Fisch. Fleisch kam gar nicht auf den Tisch, mit Ausnahme von Geflügel, dieses aber nur im Fall der Erkrankung eines Familienmitgliedes; denn man erhoffte sich vom Verzehr von Hühnerfleisch eine bessere Genesung. Aus diesem Grunde hiel- ten sich auch Samuraifamilien oft zwei bis drei Hühner. Berei- chert wurde die Nahrung noch durch bestimmte Obstsorten (Pfirsiche und Mandarinen) und am frühen Nachmittag gele- gentlich durch Süßkartoffeln oder Reisgebäck, das in höherge- stellten Samuraifamilien auch Gästen angeboten wurde. In der Regel aß man aber im Kreis der Familie, wobei jeder sein eigenes Tablett bekam. Gäste hielten sich im Hause eines Samurai nur kurz auf und wurden mit Tee bewirtet. Eine Ausnahme stellten die seltenen Familienfeiern dar, weswegen von einer Samurai- familie erwartet werden konnte, daß sie über einen angemesse- nen Vorrat an Geschirr verfügte. Im Fall einer größeren Feier wurden gelegentlich auch externe Köche eingestellt. Ansonsten war die Zubereitung der Speisen Sache der Ehefrau; die heran- wachsenden Töchter sahen ihr dabei zu. Welche Gründe dazu

Anlaß gegeben haben, daß sich um 1700 die Eßgewohnheiten in Samuraihaushalten verändert haben, ist noch unbekannt. Bis dahin aßen die Angehörigen des Samuraistandes zwei Mal täglich, morgens und abends. Im 18. Jahrhundert setzte sich dann nach und nach ein schlichtes, meist aus Reis und Gemüse bestehendes Mittagessen durch.

Neben der Beschaffung von Wasser und der Zubereitung des Essens gehörte die Herstellung und Pflege der Kleidung für die gesamte Familie zu den wichtigsten Aufgaben der Frau in einem Samuraihaushalt. Die Kriegergesetze der frühen Edo-Zeit schrieben den Samurai vor, im Alltag auf luxuriöse Kleidung aus Seide zu verzichten und statt dessen Baumwolle zu tragen. Nur höhergestellten Samurai sowie Männern und Frauen über 70 war Unterkleidung aus Seide erlaubt. Tokugawa Nariaki hat für Mito im Jahre 1829 die älteren Vorgaben noch einmal bestätigt und seinen Vasallen das Tragen von Seide ausdrücklich untersagt. Baumwolle haben die Samurai nicht selbst angebaut, sondern von den Bauern gekauft und dann verarbeitet. Wer es sich leisten konnte, der gab die fertigen Stoffe an einen Schneider. In den letzten Jahrzehnten des Shôgunats kam es hingegen häufiger vor, dass Samuraifamilien zu arm waren, um das Garn färben oder die Stoffe schneidern zu lassen. In diesem Fall bemalten die Frauen die fertigen Kleidungsstücke, was die Armut einer Familie aber nur kaschierte. Dennoch war es bei einigen offiziellen Anlässen unabdingbar, dass die Vasallen in festlichem Aufzug erschienen. So trugen die Samurai der oberen Ränge bei Audienzen einen seidenen Kimono (*kataginu*), niedere Samurai beschieden sich mit einem festlichen, weitgeschnittenen Hosenrock (*hakama*). Darüber trug man einen knielangen Umhang (*haori*). Wenn es für die Frauen nicht mehr zum Kauf eines seidenen Kimonos reichte, dann mußte wenigstens der Gürtel (*obi*) prächtig ausgestattet sein. Die Kleidung stellte insbesondere für die Frauen einen hohen materiellen und symbolischen Wert dar. Nachdem man ihnen seit dem 14. Jahrhundert wichtige Erb- und Besitzrechte genommen hatte, war die Kleidung oft ihr einziger Besitz. Er wurde sorgsam gepflegt und über Generationen hinweg weitergereicht.

Wege in den Tod

Nach der Geburt, dem Initiationsritual beim Eintritt in das Erwachsenenleben und der Hochzeit war der Tod das vierte und letzte wichtige Ereignis im Leben eines Samurai. Der Tod konnte den Krieger auf zwei ganz unterschiedliche Weisen ereilen: zum einen als Folge eines Unfalls oder von Krankheit und Alter, zum anderen als Ergebnis eines Kampfes oder einer freien Willensentscheidung. Im ersten Fall handelte es sich um einen unfreiwilligen Tod, den man fraglos dem Privatleben eines Samurai zuordnen kann. Im Falle schwerer Erkrankungen, die nicht mehr durch Hausmittel behoben werden konnten, wurde während der Edo-Zeit gemeinhin ein Arzt konsultiert, der selbst dem Samuraistand angehörte und in chinesischer, ab etwa 1780 auch in westlicher Medizin bewandert war. War der kranke Krieger nicht mehr zu retten und starb, wurde er in der Regel nach Maßgabe buddhistischer Rituale bestattet. Dies hing in der Edo-Zeit auch damit zusammen, daß das *bakufu* nach der Vernichtung des Christentums im Jahre 1640 ein Amt zur Kontrolle religiöser Angelegenheiten eingerichtet und bestimmte Vorschriften für die Ausübung der Religion erlassen hatte. Jede Person bzw. Familie mußte sich in einem buddhistischen Tempel registrieren lassen, auf dessen Grund sich auch Gräber befanden. Es war deshalb naheliegend, daß die Toten der Samurai und anderer Bevölkerungsschichten in den meisten Fällen nach buddhistischem Ritual bestattet wurden.

War ein Krieger eines natürlichen Todes gestorben, wurde sein Leichnam zunächst gewaschen, dann in einen weißen Baumwoll-Kimono gekleidet und in einen Sarg gelegt. Dem wurden Kräuter, Parfums und Münzen zur Bezahlung beim Übertritt ins Jenseits beigegeben. Während der Shintô Feuerbestattungen verbat, waren diese im Buddhismus, wenngleich im vormodernen Japan noch nicht durchgängig, verbreitet. Die Art der Trauerfeier richtete sich nach dem Status und den Wünschen des Toten. Als der sechste *shôgun* Ienobu im Jahre 1712 im Alter von 51 Jahren starb, ließ er vor den engsten Vasallen sein politisches Vermächtnis verlesen und bekundete den Wunsch nach einer buddhistischen Bestattung am Zôjô-Tempel in Edo. Gemeinhin versammelten sich die Trauergäste (Verwandte, Freunde und Vasallen) am Abend vor der Bestattung und hielten die Totenwache, in ländlichen Gebieten auch zum Schutz vor wilden Tieren. Die Witwen schnitten sich die Haare zum Zeichen dafür, daß sie nicht noch einmal heiraten wollten. (Aber so schnell wie diese wieder nachwuchsen, konnte sich auch die Einstellung einer möglichen Wiederverheiratung gegenüber ändern.) Die Trauerzeit betrug in der Regel ein Jahr bei engsten Verwandten oder beim Hofadel im Fall des Todes eines *tennô*; beim Tod der Großeltern oder anderer Verwandter war die Trauerzeit entsprechend niedriger angesetzt.

Im allgemeinen wird mit den Samurai ein Todeserlebnis assoziiert, das sich aus der ganz spezifischen Todesbereitschaft des Kämpfers ergab: gemeint ist der Tod auf dem Schlachtfeld oder die freiwillige Selbstentleibung durch *seppuku*, bei uns eher unter dem Begriff *harakiri* bekannt. Diese Todesform war mit einem sozialen Geltungsanspruch auf Ruhm und Ehre verbunden und insofern ein öffentliches Ereignis, das der Betroffene selbst suchte, und zwar entweder als Individuum oder als ausgewähltes Mitglied einer Gruppe, die ein bestimmtes, elitäres Bewußtsein auszeichnete. Die präzisen Ursprünge des *seppuku* sind auch heute noch nicht vollends klar. Ikegami Eiko vermutet seine Anfänge in den Rebellionen und Kämpfen im Vorfeld der Errichtung des Kamakura-Shôgunats, also im letzten Drittel des 12. Jahrhunderts, und sie schätzt, daß es zu Akten der Selbstentleibung auf dem Schlachtfeld eher unter den Minamoto im Nordosten als bei den Taira im Südwesten Japans gekommen ist. In den Schlachten der Heian-Zeit ist diese Sitte quellenmäßig in der Tat nicht nachweisbar. Vielmehr ist für die frühen Samurai bezeichnend, daß sie nicht bis zum letzten Mann gekämpft haben. Bei größerer Gefahr sind sie geflohen oder haben sich ergeben. Jedenfalls ist die Zahl der Opfer auch nach größeren militärischen Auseinandersetzungen überraschend gering.

Das änderte sich in der zweiten Hälfte des 12. Jahrhunderts. Aus den Kriegerepen wie dem «Hôgen monogatari» oder dem «Heike monogatari» können wir herauslesen, daß insbesondere

die Kriegführer der Minamoto jede Schlacht als Bewährung für
ihre Ehre verstanden, den Kampf als solchen nutzten und sich in
ausweglöser Lage lieber selbst töteten als dem Gegner in die
Hände zu fallen. Die sich aus militärischer Leistung und radika-
ler Todesbereitschaft ergebende individuelle Reputation wog
mehr als der hohe Rang oder die Familienzugehörigkeit. Aus
dieser Haltung sprach darüber hinaus eine neue Sicht auf den
Tod und auf die damit verbundene «Unreinheit» (*kegare*); in
diesem Punkt unterschied sich das Verhalten der Samurai deutlich vom Habitus des Hochadels am Hof in Kyôto. Dieser sorgte
selbst bei hochgestellten Würdenträgern, sogar bei sterbenden
tennô, im Geist shintôistischer Reinheitsgebote für soziale Sepa-
ration. Dem Buddhismus war die Vorstellung der «Unreinheit»
des Todes hingegen fremd. Er propagierte in diversen Sekten
eher die «Einheit von Leben und Tod» und die damit verbundene Vergänglichkeit menschlicher Existenz, was insbesondere
von den Samurai gerne aufgegriffen wurde.

Erst in der Edo-Zeit kam es dann zu einer Transformation des
seppuku, die eine Folge der Befriedung der Gesellschaft im Zuge
der Reichseinigung um 1600 war. Seitdem konnte der Samurai
einen ehrenvollen Tod nur noch theoretisch auf dem Schlachtfeld sterben; in der Praxis war dies in einem Staat, der keine
Kriege mehr führen mußte, nur noch in Ausnahmefällen, beispielsweise bei der Niederschlagung von Aufständen, möglich.
Dafür setzte sich *seppuku* als privilegierte Strafe für höhergestellte Samurai durch. Wurde ein Angehöriger der obersten Ge-
sellschaftsschicht eines schweren Vergehens überführt, konnte
er zum Tod durch *seppuku* verurteilt werden. Damit wurde
nicht nur die Ehre des Delinquenten wieder hergestellt, sondern
auch die Autorität von Staat und Stand öffentlich demonstriert.

Wie weit die Kultivierung der Selbstentleibung in der Edo-
Zeit fortschritt, zeigen zahlreiche Vorschriften über die Etikette
und den Ablauf eines solchen Rituals. Der zur Selbsttötung Ver-
urteilte konnte vorher ein reinigendes Bad nehmen und sich die
Frisur festlich richten lassen. Dann wurden ihm weiße Unter-
kleider und ein weißer Kimono angelegt. Als Platz für die Selbstentleibung waren zwei Tatamimatten vorgesehen, die mit wei-

ßen Tüchern bedeckt wurden. Nachdem der Betroffene Platz genommen hatte, wurden ihm zwei Schalen Sake und feine Speisen
gereicht, schließlich auf einem Tablett ein Schwert, das gelegentlich in weißes Papier gehüllt war. Hinter dem Verurteilten stellte
sich ein Sekundant auf (*kaishaku*), der die Aufgabe hatte, den
Sterbenden, nachdem er sich das Schwert in den Bauch gestoßen
und es, soweit noch möglich, nach oben hochgezogen hatte, zu
enthaupten. Im Verlauf der Edo-Zeit ist dieses Todesritual fortlaufend verfeinert worden, mit dem Ergebnis, daß dem Betroffenen manchmal ein Holzdolch oder ein Fächer gereicht wurde,
mit dem die Selbstentleibung angedeutet wurde, um damit dem
Sekundanten das Signal zur Enthauptung zu geben (in einem
solchen Fall sprach man von *ôgibara*, d. h. *ôgi* für «Fächer» und
hara für «Bauch»).

Eine spezifische Form der Selbsttötung war die sogenannte
«Todesgefolgschaft» (*junshi*), mit der ein hochstehender Vasall seinem Herrn in den Tod nachfolgte. Diese Sitte ist gelegentlich sogar noch im modernen Japan praktiziert worden.
Ein berühmtes Beispiel ist der General Nogi Maresuke, der «seinem» verstorbenen Meiji-Tennô während des Begräbnisses am
13. September 1912 zusammen mit seiner Frau in den Tod folgte. Die «Todesgefolgschaft» war im mittelalterlichen Japan eine
unmittelbare, d. h. die engsten Vasallen folgten ihrem militärischen Führer noch auf dem Schlachtfeld in den Tod, wenn es für
alle keinen anderen Ausweg mehr gab. In diesen Fällen war die
Selbstentleibung die vollendete Form des Todes; gleichzeitig war
sie der radikalste Ausdruck der Treuebindung eines Vasallen gegenüber seinem Herrn. Im Extremfall konnte dies sogar zu
einem Massensuizid führen; so nahm sich etwa Hôjô Nakatoki
nach aussichtslosem Kampf um den Erhalt des Kamakura-Shôgunats im Jahre 1333 im Hof des Renge-Tempels (Provinz Ômi)
das Leben, und 432 seiner treuesten Vasallen taten es ihm nach.

Später haben die Regierungen der Tokugawa-Shôgune diese
Sitte auszumerzen versucht, um die Selbstdezimierung der militärischen Elite zu unterbinden. In verschiedenen Zusätzen zu
den «Gesetzen über den Kriegeradel» aus den Jahren 1663 und
1683 wurde *junshi* bei Androhung schwerster Strafen verboten;

die Kinder der Hausvasallen, die ihrem *daimyô* in den Tod gefolgt waren, wurden zur Strafe und Abschreckung geköpft. Auch wenn das *bakufu* bei der Durchsetzung des Verbots weitgehend erfolgreich war, hat es doch immer wieder Fälle gegeben, in denen es zur Verletzung der Gesetze gekommen ist. Zum einen galt die Todesgefolgschaft als eine «schöne Sitte», die den alten Geist der Samurai auch in einer befriedeten Gesellschaft am Leben erhielt; zum anderen versprachen sich die Betroffenen eine Gratifikation für ihre Hinterbliebenen. Diese Annahmen haben sich aber im Verlauf der Tokugawa-Zeit weitgehend verflüchtigt. Im modernen Japan ist die «Todesgefolgschaft» gelegentlich noch von einsamen Helden praktiziert worden, um ein politisches Zeichen in einem meist chauvinistischen oder antimodernistischen Sinne zu setzen.

VI. Der Kriegerstand als Verwaltungselite
Die Samurai in der Edo-Zeit
(1600/03–1867)

Die Anfänge des Tokugawa-Shôgunats

Das Mittelalter war in Japan eine Zeit fortgesetzter Kriege und Fehden, in denen die Samurai ihrer ureigensten Bestimmung gerecht wurden und zur unbestrittenen militärischen und sozialen Elite aufstiegen. Politisch war das Land vor allem in der Periode des fast einhundertjährigen Krieges in viele kleine Herrschaften zerfallen. Unter diesen Bedingungen war es nicht nur unmöglich, einigermaßen sicher zu reisen; auch Handel und Gewerbe wurden durch Zollschranken, unterschiedliche Währungen oder umherziehende Banditen behindert. Erst Oda Nobunaga und Toyotomi Hideyoshi machten diesem Zustand in den japanischen Kernregionen ein Ende. Ihre Vision, das Land zu einen und zu befrieden, nahm Tokugawa Ieyasu auf und vollendete die Reichseinigung 1603 mit der Begründung eines neuen

Shôgunats. Dieses Herrschaftssystem sollte 265 Jahre Bestand
haben.

Zunächst jedoch hatte sich Ieyasu mit seinen Konkurrenten
um die Nachfolge Hideyoshis auseinanderzusetzen. In der
Schlacht von Sekigahara siegte er im Jahre 1600 an der Spitze
einer Armee von 70000 Männern gegen eine feindliche Übermacht. Drei Jahre später ließ er sich vom machtlosen *tennô* den
Titel «seii tai shôgun» verleihen. Danach ging er daran, seine
Machtbastionen zu sichern. Ein wichtiges Element war dabei
der Aufbau eines zentralen Verwaltungsapparats in Edo, dem
ehemaligen militärischen Hauptquartier der Tokugawa, vordem
ein unscheinbares Fischerdorf. Edo, das faktisch, nicht formell,
Hauptstadt der *shôgun* aus der Familie der Tokugawa war, gab
der nun folgenden Periode in den Geschichtswerken ihren späteren Namen.

Ieyasu und seine Nachfolger vereinigten bald die gesamte
Macht in Japan auf sich: Sie kontrollierten die auswärtigen
Beziehungen, vereinheitlichten die Zahlungsmittel, Maße und
Gewichte und beaufsichtigten die verschiedenen religiösen Ge-
meinschaften und ihre Ableger. Grundlage ihrer Macht war, daß
sie in der Edo-Zeit die reichsten Grundbesitzer waren und ein
Viertel des Landes ihr Eigentum nennen durften. Zu ihren Be-
sitztümern zählte vor allem das reiche Kantô-Gebiet mit seinen
Gold- und Silberminen, das Ieyasu für seine treue Gefolgschaft
bereits 1590 von Hideyoshi als Lehen erhalten hatte. Darüber
hinaus besaßen die Tokugawa nach der Ausschaltung der Nach-
fahren Hideyoshis in den beiden Feldzügen gegen Ôsaka in den
Jahren 1614/15 Ländereien in zahlreichen südwestlichen Provinzen. Kyôto als Sitz des Hofs, Ôsaka als Zentrum von Handel
und Gewerbe und Nagasaki als wichtigster Hafen wurden von
den Tokugawa ebenso kontrolliert wie der Regierungssitz Edo,
das sich in nur wenigen Jahrzehnten zu einer blühenden Metropole entwickelte. Es soll um 1800 bereits eine Million Einwoh-
ner gehabt haben und wäre damit etwa so groß wie London
gewesen.

Der neue Tokugawa-Staat ist in der historischen Forschung
gelegentlich als ein absolutistischer Herrschaftsverband, ja als

Abb. 5: Tokugawa Ieyasu (1542–1616), der Begründer des Shôgunats

Polizeistaat charakterisiert worden. Das ist nicht ganz richtig. Zwar bildete das *bakufu* unter den Tokugawa ein zentralistisches Regime aus. Für entsprechende administrative Aufgaben zogen die *shôgun* in Edo auserwählte Samurai heran. An der Spitze der Verwaltung existierte ein «Ältestenrat», dem die verschiedenen Abteilungen für die Finanzen, die Tempel und Schreine oder für die Stadt Edo unterstanden. Ein «Rat der jungen Alten» kümmerte sich um die Angelegenheiten der Vasallen der Tokugawa. Sicherheitsorgane (*ômetsuke*) überwachten die öffentliche Sicherheit und Ordnung. Eine größere lokale oder gar nationale Polizeieinheit existierte aber nicht; in Edo waren zu Beginn des 17. Jahrhunderts nur etwa 250 Samurai für polizeiliche Aufgaben ausersehen – in einer Stadt von ca. 400 000–600 000 Einwohnern eine vergleichsweise kleine und unbedeutende Ordnungsmacht. Auch die *daimyô*, die großen Lehensherren in den Provinzen (*han*), konnten ihre Herrschaft relativ selbständig ausüben, wenn sie sich gegenüber dem *bakufu* loyal verhielten. Selbst in den Kommunen bildeten sich rudimentäre Formen der Selbstverwaltung aus. Es kommt deshalb der Sache näher, wenn man den Staat der Tokugawa mit einer ambivalenten Formel als einen «neofeudalen Zentralstaat» klassifiziert. Die japanischen Historiker sprechen von einem ba-ku-han-System (Zentralregierung-Lehensterritorien-System) und bringen damit die beiden Pole im Staat der Edo-Zeit klar zum Ausdruck.

Die feudalen Elemente dieses Systems scheinen vollends durch, wenn man auf die etwa 260 Lehensgebiete (*han*) unter der Herrschaft der *daimyô* blickt. Die Zahl der *han* bzw. der *daimyô* schwankte, denn der *shôgun* konnte in Ungnade gefallenen Vasallen die Lehen entziehen, diese teilen oder zusammenlegen. Nach der Schlacht von Sekigahara konfiszierte der *shôgun* Territorien im Wert von etwa 6,5 Millionen *koku* Reis und verteilte diese unter seine Getreuen. Als *daimyô* wurde anerkannt, wer über einen Besitz von mehr als 10 000 *koku* Ernteland verfügte. Die *daimyô* selbst wurden in drei Gruppen unterteilt. Am nächsten standen dem *shôgun* die Zweigfamilien der Tokugawa (*shinpan*). Es folgten die sogenannten *fudai daimyô*, die sich bereits vor der Schlacht von Sekigahara in den Dienst und unter die Herrschaft der Tokugawa begeben hatten. Eine potentielle Gefahr stellten als dritte Gruppe die etwa 100 *tozama daimyô* dar, die sich den Tokugawa erst nach 1600 unterstellt hatten. Die *shôgun* entwickelten nun ein ausgeklügeltes System der Herrschaftskontrolle, indem sie die *tozama* an der Peripherie ihrer Einflußzonen plazierten und sie von Verwandten und alten Verbündeten dergestalt kontrollieren ließen, daß ihre alten Gegner sich nicht zu einem Umsturz gegen Edo zusammenschließen konnten.

Die im Jahre 1615 erlassenen «Gesetze für den Kriegerstand» («Buke shohatto») schrieben die Rechte und Pflichten der *daimyô* und ihrer Vasallen genau fest. So war den *daimyô* beispielsweise verboten, ihre Burgen weiter auszubauen oder Brücken ohne Genehmigung des *bakufu* zu errichten. Diese wichtigen Gesetze, die in ihrem Kern bis zum Ende der Edo-Zeit Bestand haben sollten, wurden im Laufe der kommenden Jahre fortgeschrieben und den sich verändernden Verhältnissen immer wieder angepaßt. Im Jahre 1635 wurde den großen Territorialherren verboten, große Schiffe zu bauen, die in der Lage waren, die militärische Vormacht der Tokugawa herauszufordern. Im gleichen Zug wurde das in einigen Landesteilen bereits bekannte System der wechselnden Residenzen (*sankin kôtai*) für nahezu alle *daimyô* verbindlich: fortan mußten sie das eine Jahr in Edo verbringen, das andere in ihrem Lehensterritorium. Während ihrer Abwesenheit verblieben ihre Familien als Geiseln beim *shôgun*. Diese Maßnahme hatte weitreichende Folgen. Sie schwächte die *daimyô* politisch und wirtschaftlich; die Aufwendungen für einen zweiten Haushalt in Edo und die aufwendigen Reisen zwischen der Heimat und der Residenz des *shôgun* mit der gesamten Entourage kosteten jedes Jahr ein Vermögen. Ein unbeabsichtigter, ökonomisch positiver Effekt dieses Systems war, daß es zu einer deutlichen Verbesserung der Verkehrsinfrastruktur und zu einem lebhaften Austausch von Menschen und Waren kam. Die Edo-Zeit war also keineswegs eine Periode des Stillstands. Die Zahl der Begleiter eines *daimyô* hing natürlich von seinem Status ab. Engelbert Kämpfer, ein deutscher Arzt in Diensten der holländischen Ostindien-Compagnie, berichtete von einer Reise nach Edo im Jahre 1692 mit einiger Übertreibung, daß der Zug eines hochgestellten *daimyô* und seiner 20 000 Begleiter den Verkehr in der Stadt zum Erliegen gebracht habe.

Auch die Beziehungen zum Ausland hatten sich seit der Landung der portugiesischen Missionare und der ersten Händler um die Mitte des 16. Jahrhunderts intensiviert. Der Einfluß der Jesuiten und Franziskaner und der rege Austausch von Waren hatten insbesondere den Südwesten Japans erfaßt. 1563 war in Kyûshû ein *daimyô* zum Christentum übergetreten, um sich für seine Geschäfte mit den portugiesischen und spanischen Händlern eine bessere Ausgangsposition zu verschaffen. Andere Samurai, aber auch Mitglieder anderer Stände, sind seinem Beispiel in den folgenden Jahrzehnten gefolgt. Für den Prozeß der Reichseinigung war dies eine nicht zu unterschätzende Gefahr, weil das Christentum die Autorität Hideyoshis und der späteren *shôgun* untergrub. Nirgendwo in Japan waren die Gewehre aus dem Westen so verbreitet wie unter den christlichen Samurai auf

Abb. 6: Japan in der Edo-Zeit

Kyûshû. Die Loyalität der japanischen Christen gehörte dem Papst, nicht den Tokugawa. Nach der Schlacht von Sekigahara weigerten sich einige der unterlegenen christlichen Krieger, *seppuku* zu begehen, weil dies mit ihrem Glauben nicht mehr vereinbar sei. Sie starben, mit einem Gebet auf den Lippen, durch das Schwert ihrer Feinde.

All diese Entwicklungen führten schließlich dazu, daß die bereits von Hideyoshi eingeleitete Verfolgung der Christen unter dem Shôgunat der Tokugawa erheblich ausgeweitet und verschärft wurde. Der zweite *shôgun* Hidetada erneuerte 1612 das Missionsverbot und befahl seinen Vasallen, dem Christentum abzuschwören. Ein christlicher *daimyô* wurde verbannt, und die Missionare wurden grausam verfolgt. Seit 1629 war das «Bildertreten», die Zerstörung von Bildern und Symbolen christlichen Inhalts, üblich, um öffentlich zu bekunden, daß man kein Christ war. Nach der Erhebung von etwa 20000 christlichen Bauern bei Shimabara im Jahre 1637/38 wurde das Christentum in Japan vollends vernichtet. Japaner mußten sich fortan in buddhistischen Tempeln registrieren lassen. Damit einher ging die offizielle Politik der «Abschließung des Landes» (*sakoku*). Kein Japaner durfte das Land mehr verlassen oder aus dem Ausland nach Japan zurückkehren. Allen ausländischen Händlern, mit Ausnahme der Holländer und Chinesen, war fortan der Zugang zu japanischen Häfen verwehrt. Diese nach innen wie nach außen gleichermaßen konsequent durchgeführten Maßnahmen haben auch die Samurai im Südwesten Japans schließlich in die politische Ordnung des Tokugawa-Shôgunats integriert. Ein letzter Putschversuch unzufriedener Samurai, die durch die wiederholten Veränderungen der Lehensverhältnisse ihre Herren verloren hatten, scheiterte 1651. Erst 200 Jahre später wurden die Tokugawa von den gleichen Kräften, den westlichen Mächten und regimekritischen Samurai aus den südwestlichen Territorien, aufs Neue herausgefordert. Die Geschichte sollte dann einen ganz anderen Ausgang nehmen.

Herrschaft durch Status

Mit den Schwertjagden Hideyoshis war eine ständische Separierung der japanischen Gesellschaft vorangetrieben worden, die sich nun unter dem Shôgunat der Tokugawa vollendete. Die Bevölkerung wurde in vier formal streng voneinander geschiedene Gruppen unterteilt. An der Spitze der sozialen Pyramide standen die Samurai (*shi*) aller Ränge. Ihnen folgten im Rang die Bauern (*nô*) und die Handwerker (*kô*) als produktive Schichten. Den untersten Rang nahmen die Kaufleute (*shô*) ein, die sich nach konfuzianischer Auffassung mit «schmutzigen Geldgeschäften» befaßten. Dieses berufsständische System, im Japanischen in der Bezeichnung *shi-nô-kô-shô* zusammengeführt, war der Theorie nach stabil, weil man aus ihm nicht heraustreten konnte. Die soziale Differenzierung vollzog sich innerhalb eines Standes. Der Rang allein besagte deshalb über die ökonomische Prosperität wenig. So konnte ein wohlhabender Handwerker mit einem gut gehenden Betrieb sehr viel wohlhabender sein als ein Türwächter aus dem Samuraistand. Macht und Ansehen gehörten hingegen den Samurai allein. Rein äußerlich waren sie von den Mitgliedern anderer Stände leicht zu unterscheiden. Nur den Samurai war es erlaubt, einen Familiennamen zu tragen; die höhergestellten unter ihnen waren nach alter Tradition berittene Krieger, ganz wenigen, natürlich den *daimyô*, war es erlaubt, sich in Sänften transportieren zu lassen. Andere Unterscheidungsmerkmale waren die beiden Schwerter, eine besondere Haartracht und ausgewählte Kleidungsstücke. Bauern, Handwerker und Kaufleute mußten den Samurai in der Öffentlichkeit Respekt bezeugen; anderenfalls riskierten sie, für ihr despektierliches Benehmen von ihnen gezüchtigt zu werden.

Außerhalb dieser viergliederigen Ordnung standen am oberen Ende die kaiserliche Familie mit dem Hofadel (*kuge*) und ganz unten die Pariaschichten, d. h. Leute, die unwürdigen Berufen, wie Henker, Schlächter, Gerber oder Gaukler, nachgingen. Daneben existierten noch mehrere mittelständische Berufsgruppen, wie Ärzte oder Geistliche.

Bis zur Mitte des 19. Jahrhunderts machten die Samurai mit

ihren Angehörigen etwa 5–6 % der Bevölkerung von 25–30 Millionen Menschen aus, also etwa 1,5 Millionen Menschen. Der Anteil der erwachsenen Männer daran betrug etwa 25 %. Es ist aus zwei Gründen wichtig, sich den hohen Anteil des «Kriegeradels», wie man jetzt sagen darf, vor Augen zu führen. Eine Folge der Trennung der Samurai von den Bauern war, daß jene in der Tokugawa-Zeit ihre Ländereien nicht mehr selbst bestellen durften. Sie mußten in die Burgstädte ihrer Herren ziehen. Für diese war der Unterhalt der Vasallen auf allen Ebenen der sozialen und militärischen Rangleiter ein teures Unterfangen. Bisweilen verschlang der Sold, zahlbar in *koku* Reis als fixiertes Stipendium, mehr als zwei Drittel des eigenen Einkommens im Haushalt der *shôgun*, der *daimyô* oder der hochgestellten Hausvasallen. Darüber hinaus ist der hohe Anteil der Samurai an der Gesamtbevölkerung im europäischen Vergleich aufschlußreich. Hier war der Anteil des Adels an der Bevölkerung, mit Ausnahme von Polen, Ungarn und Spanien, sehr viel geringer und überstieg nur selten 1–2 %. Es war deshalb naheliegend, daß sich innerhalb des Samuraistandes bald eine merkliche soziale Differenzierung durchsetzte, die sich zwar in erster Linie an Status, ererbtem Besitz und an Ämtern orientierte, dann aber auch das Ergebnis einer mehr oder weniger aufwendigen Lebensführung wurde. Wo ein *daimyô* über jährliche Einnahmen von mehr als 10 000 *koku* Reis verfügte, höhere und mittlere Samurai immerhin noch zwischen 500 und 10 000 *koku* erzielten, mußte ein einfacher Fußsoldat mit 15 *koku* auskommen. Wir können also bei den Samurai von einer homogenen Schicht noch weniger sprechen als beim europäischen Adel.

Die Samurai der Edo-Zeit lassen sich grob in zwei große Gruppen unterteilen: in die Vasallen des *shôgun* mit ihren entsprechenden Subvasallen, die im Dienst des *bakufu* standen, und in die Vasallen der *daimyô* mit ihren Lehensmännern in den *han*. In Edo und in den Provinzen bemaß sich der Status eines Samurai nach seinem Lehen (ein Stück Land oder ein Amt), d. h. nach seinen sich daraus ergebenden materiellen Ansprüchen, die in Form eines festgelegten Reisdeputats abgegolten wurden. Die einflußreichste Gruppe der direkten Vasallen des *shôgun* stellten

die *hatamoto* (im engeren Sinne des Wortes: «Bannerträger»)
dar. Im Jahre 1722 gehörten dazu etwa 5200 kleinere Territorialherren und Truppenführer, die mit ihren Familien in Edo lebten und über ein Audienzrecht verfügten. Zusammen mit den
etwa 17 000 *gokenin* als Untervasallen, die beim *shôgun* in Edo
nicht direkt vorsprechen durften, stellten sie das größte Kontin-
gent seiner Armee. Für ihre Treue und Kampfesbereitschaft
wurden die *hatamoto* in der Regel auf zweierlei Weise entschä-
digt: Sie erhielten eine festgesetzte Pension (*hondaka*, der
Grundbetrag zur Sicherung ihrer Existenz) und ein zusätzliches
Gehalt für besondere Dienste in der Verwaltung (*yakudaka*).
Die hochrangigen *hatamoto* besaßen ein Landlehen, das sie
bewirtschaften ließen. Vom Ertrag durften sie etwa 35 % behal-
ten; der Rest mußte an den *shôgun* abgeführt werden. Krieger
der unteren Ränge, die oft nur ein Amt bekleideten, bekamen
ihren Sold in Reis ausbezahlt, nur selten direkt in Geld. Von den
etwa 5000 *hatamoto* im Jahre 1705 erhielten 4000 weniger als
300 *koku* Reis als Jahresstipendium; nur 137 Samurai besaßen
ein Lehen, das mehr als 4000 *koku* Reis abwarf. Die soziale
Kluft selbst innerhalb eines Samurai-Ranges war also recht
groß.

Die Hierarchie der Samurai in den etwa 240 bis 260 *han* war
im Grunde ein verkleinertes Spiegelbild des *bakufu*. Die Haupt-
last der Verwaltung trugen die mittleren Ränge der Samurai. Sie
lebten in den Burgstädten der *daimyô* und sorgten für die Steuereinziehung oder die öffentliche Sicherheit auch in den Zeiten,
in denen sich der Herr des Territoriums in Edo aufhielt. Ihr relativ guter Ausbildungsstand war maßgebend dafür, daß sich das
System des «zentralisierten Feudalismus» bis ins 18. Jahrhundert politisch bewährte, auch wenn es allmählich zu einem ökonomischen Auszehrungsprozeß in den einzelnen *han* kam. Der
Grund dafür waren die immensen Kosten für die Aufrechterhaltung der Samuraiherrschaft, sowohl im militärischen Bereich als
auch in der Bürokratie. Im Jahre 1649 hatte das Shôgunat die
militärischen Obliegenheiten der *han* zu standardisieren versucht und sogar den kleinsten Territorien den Unterhalt einer
Truppe auferlegt. Nach oben hin waren für die Bereitstellung

von Kriegern keine Grenzen gesetzt, solange sie loyal dem *shô-gun* gegenüber blieben. Gleichwohl fühlten sich einige regime-kritische *han* wie Yonezawa unter den Uesugi wegen der fehlen-den Obergrenzen für die stehenden Kriegerverbände dazu ver-leitet, größere Kontingente – in diesem Fall 8000 Samurai – auf-zustellen, als man sie sich eigentlich leisten konnte.

Nach der Ausweisung der Missionare, der Niederschlagung der letzten Rebellionen und der Abschließung des Landes erleb-te Japan eine 200 Jahre andauernde Friedensperiode, wenn man von lokal begrenzten bäuerlichen Protestbewegungen einmal absieht. Aus dieser gegenüber dem Mittelalter veränderten Situation ergab sich die Frage, wie man 350 000 bis 400 000 Krieger, die keine Kriege mehr führen mußten, sinnvoll beschäf-tigen konnte. Zwar hatten die Samuraigesetze zu Beginn der Edo-Zeit die älteren Traditionen des wehrbereiten Kriegers fest-geschrieben und diesen zur fortgesetzten Übung im Dienst an der Waffe verpflichtet, doch mußten nun daneben auch noch andere Betätigungsfelder gesucht und gefunden werden. In der politischen Zentrale des *shôgun* fanden die höhergestellten Sa-murai neue Aufgaben als politische Berater oder Zeremonien-meister. Die meisten wurden in der Verwaltung beschäftigt, z. B. in den diversen juristischen Institutionen, von den Gerichten bis hin zum Strafvollzug, in der Beaufsichtigung der religiösen Ein-richtungen, im Steuer- oder Finanzwesen und in der Verwaltung der Städte, Burgen und öffentlichen Verkehrswege. Die beruf-lichen Möglichkeiten in den *han* waren noch breiter gefächert, aber sie eröffneten nicht unbedingt sinnvollere Tätigkeiten. Die *han* Sakura und Owari boten ihren Samurai etwa 150 verschie-dene Posten an, vom Schulmeister und Sekretär bis hin zum Zensor oder Förster. Man würde fehlgehen, darin die Anfänge eines hochgradig bürokratisierten und effizienten Anstaltsstaats zu sehen. Viele Posten in Verwaltung und Militär waren voll-kommen überflüssig; nicht selten ließ sich die Arbeit an zwei Vormittagen erledigen. Trotzdem mußten die Samurai bezahlt werden. Sie hatten einen Anspruch auf eine Grundversorgung und mußten einen Teil davon an ihre eigenen Subvasallen und ihr Dienstpersonal weitergeben. Gleichwohl lungerten viele einfach nur herum, vergnügten sich in den Teehäusern und Bordellen der Burgstädte und warteten auf einen Notfall, der einfach nicht mehr eintreten wollte.

Bushidô, der Ehrenkodex der Samurai

Den unübersehbaren ökonomischen und moralischen Verfallserscheinungen unter den Samurai haben einige Gelehrte schon im 17. Jahrhundert entgegenzuwirken versucht. Die Lehren des *bushidô* (wörtl. «der Weg des Kriegers») bezeichneten in diesem Zusammenhang ein Gegenmodell zur sozialen Wirklichkeit. Sie waren gedacht als eine Art Rechtfertigungslehre für die Existenz von Kriegern in einer nach innen wie nach außen gleichermaßen befriedeten Gesellschaft, und sie zeigten den Samurai als sozialen Erzieher und als Garanten der öffentlichen Ordnung. Der Begriff *bushidô* war den Zeitgenossen schon zu Beginn der Edo-Zeit geläufig; es wird vermutet, daß er zum ersten Mal in der 1620 vollendeten Takeda-Chronik «Kôyô gunkan» auftauchte. Seine ideologische Grundierung erhielt der Terminus erst Jahrzehnte später. Einen Schlüsseltext stellen in diesem Zusammenhang die unter dem Titel «Shidô» zusammengetragenen Vorlesungen des konfuzianischen Gelehrten Yamaga Sokô dar. Schon in jungen Jahren machten ihn seine Kenntnisse des Shintô, des Buddhismus und des Neo-Konfuzianismus in ganz Japan bekannt. Während seiner Zeit als Ausbilder im *han* Akô gehörte auch der Anführer der 47 *rônin* zu seinen Schülern. In seinen Vorlesungen rief der Meister die jungen Samurai dazu auf, nicht nur ihre Fähigkeiten als wehrbereite und treue Krieger zu bewahren, sondern auch ihre geistigen und moralischen Kräfte zu bündeln, um damit den anderen, produktiven Gruppen der Gesellschaft ein Vorbild zu geben.

Herrschen und dienen, – beide Aufgaben fielen im idealen Samurai zusammen! Allen parasitären Auswüchsen einer luxuriösen und bisweilen frivolen bürgerlichen Kultur, wie sie sich in den Städten der Edo-Zeit herausbildete, sollte der Samurai widerstehen. Wie kein anderer Denker seiner Zeit erkannte Sokô das Legitimationsproblem eines Standes, der von Dingen lebte, die er selbst nicht produzierte oder vertrieb. Die Existenz der Samurai mußte anders legitimiert werden: «Die Aufgabe des Samurai ist es, über seinen eigenen Platz im Leben nachzudenken, wenn er einen Herrn hat, diesem loyal zu dienen, seine Treue zu seinen Freunden zu vertiefen, und unter Bedachtnahme auf seine Stellung sich vor allem seinen Pflichten zu widmen (...) Der Samurai überläßt die Geschäfte den Bauern, Handwerkern und Kaufleuten und beschränkt sich darauf, den Weg vorzuleben. Wenn jemand aus den drei Ständen des Volkes gegen die Moral verstößt, dann bestraft ihn der Samurai und hält so die moralischen Grundsätze des Landes aufrecht» (Tsunoda 1958,1: 389). In dieser Funktionsbeschreibung lebte das ältere, bipolare Verständnis des *bushi* fort: Er war nicht nur Krieger, sondern unter den Bedingungen der Tokugawa-Gesellschaft der kultivierte Erzieher, der sich auch als Beamter oder Gelehrter in den Dienst seines Herrn stellte. Genauso hatten die Schüler Sukôs ihren Lehrmeister verstanden und gaben seinen Schriften deshalb den Titel «Shidô» (im übertragenen Sinne am besten mit «Der Weg des ehrenwerten Ritters» übersetzt) und nicht «Bushidô» («Der Weg des Kriegers»). Yamaga Sokô ging es «eben nicht primär um den Kriegsmann, sondern um den Gentleman» (W. Naumann 1998: 144).

Die martialischen Elemente in der Existenz eines Samurai betonte demgegenüber Yamamoto Tsunetomo in seinem Werk «Hagakure» («Versteckt hinter Blättern») aus dem Jahre 1716. Sein Autor entstammte einem Samuraigeschlecht aus dem abgelegenen Saga *han*. Geboren im Jahre 1659 hatte Tsunetomo keine Gelegenheit mehr, die Samurai im Kampf zu erleben oder gar selbst noch in die Schlacht zu ziehen. Seine Gedanken waren deshalb kein persönlicher Erlebnisbericht oder eine rationale Rekonstruktion des älteren Samuraigeistes, sondern eher eine emotive Reminiszenz an eine verloren geglaubte Welt. Wo sich Sokô an den Verstand seiner Standesgenossen wandte, richtete sich Tsunetomo an ihr Herz und ihr Empfinden. Dazu paßte der Aufbau des Buchs, das als eine Sammlung von Parabeln erschien. Kennzeichnend für die Wirkung des Bändchens war, daß Tsunetomo die radikale Todesbereitschaft an den Anfang seiner

Morallehre stellte: «Ich habe herausgefunden: Bushidô, der Weg des Kriegers, liegt im Sterben. Wird man mit zwei Alternativen konfrontiert, Leben und Tod, so soll man ohne Zögern den Tod wählen. Daran ist nichts Schweres; man muß nur fest entschlossen sein Ziel verfolgen». Es sei nicht verwerflich zu sterben, ohne sein Ziel erreicht zu haben. Auch in diesem Fall sei der Tod eines Samurai «frei von Schande, auch wenn andere ihn sinnlos oder wahnsinnig nennen mögen. Das ist die Essenz des Bushidô» (Yamamoto 2002: 5).

Der Text beschränkt sich allerdings nicht auf den Todeskult. Er gibt auch Anweisungen für die dienstlichen Obliegenheiten und für die öffentlichen Umgangsformen. Immer wieder wird die konfuzianische Tugend des Gehorsams gegenüber Älteren und Höherstehenden betont und die Treuepflicht eines Samurai gegenüber seinem Herrn hervorgehoben. Der Verzicht auf das individuelle Glück und die uneingeschränkte Bereitschaft, sich in den Dienst seines Herren zu stellen, sind für das Handeln maßgebend und stellen den höchsten Wert dar. Darüber hinaus wird auch das äußere Erscheinungsbild eines Samurai idealisiert. Schönheit, Moral und Charakter werden dabei miteinander in Beziehung gesetzt. Der Dichter Mishima Yukio, der 1970 nach einem mißglückten nationalistischen Putsch im Hauptquartier der japanischen Streitkräfte *seppuku* beging, hatte wenige Jahre zuvor selbst eine «Einführung in das Hagakure» geschrieben und für die scheinbar belanglose Empfehlung Tsunetomos an die Samurai, immer Rouge zum Schminken bei sich zu haben, um nach einer durchzechten Nacht die etwas blasse Gesichtsfarbe aufzubessern, folgende Erklärung geliefert: «Vor dem Seppuku-Selbstmord – so war es üblich – färbte man sich Wangen und Lippen mit Rouge, damit man auch sterbend die Frische nicht verlöre. Der Moralgrundsatz, sich vor dem Gegner nicht zu demütigen, machte aus der Schicklichkeit, sich über den Tod hinaus schön zu erhalten und wie lebendig zu erscheinen, eine Notwendigkeit» (Mishima 1987 : 88 f.).

Auch wenn beide Autoren in ganz unterschiedlichen Epochen lebten, verband sie über das «Hagakure» eine Vision für die japanische Gesellschaft, die in ihrem rückwärts gewandten Bezug auf die Ideale der alten Samurai konservativ und nationalistisch war. Inwieweit darüber hinaus die die Persönlichkeit bildenden Passagen des Textes noch zeitgemäß waren, blieb 1716 und 1967 gleichermaßen umstritten. Heute stehen gebildete Japaner dem Buch bestenfalls indifferent gegenüber; die meisten halten es für das Dokument eines borinierten und mittlerweile überholten Militarismus. Der Wirkung des «Hagakure» im Westen – vom modernen Managerkurs für den alten und «Neuen Markt» bis hin zur cinematographischen Adaption durch den amerikanischen Regisseur Jim Jarmusch in dem Film «Ghost Dog. The Way of the Samurai» (1999) – hat das offensichtlich keinen Abbruch getan. Im Februar 2000 schaffte der ältere Text des konfuzianischen Meisters sogar den Sprung in die Bestsellerliste von Amazon.

VII. Das Shôgunat im Niedergang

Arme Samurai, reiche Kaufleute: die Gesellschaft im Umbruch

Was man sich um die Mitte des 17. Jahrhunderts noch nicht so recht vorstellen konnte, war einhundert Jahre später zur Gewißheit geworden: Der Kriegerstand verarmte zusehends, und die Gefahr, daß die Einheit von Staat und Gesellschaft zerbrechen konnte, war nicht mehr von der Hand zu weisen. Die ökonomischen Schwierigkeiten machten dabei vor keinem Rang halt. Liest man in den Quellen, hat man gar den Eindruck, als ob die pekuniären Probleme von oben nach unten durchgereicht wurden. Zur Lage der *daimyô* in der ersten Hälfte des 17. Jahrhunderts schrieb der konfuzianische Gelehrte Dazai Shundai in seinen Studien zur politischen Ökonomie: «In der letzten Zeit befinden sich die Fürsten, ob groß oder klein, in äußerster Not, da keinem die Geldmittel reichen. Sie entleihen vom Solde ihrer Vasallen, der eine ein Zehntel, mancher aber bis zu fünf oder sechs Zehntel des Betrages. Genügt ihnen das nicht, so zwingen sie die

Bevölkerung, Geld herzugeben, um sich durchzuhelfen. Wenn auch das nicht genügt, macht man jahraus jahrein Anleihen bei den reichen Kaufleuten von Yedo, Kyôto und Ôsaka. Da sie nur borgen und nur selten zurückzahlen, so häufen sich die Zinsen an, und niemand weiß, wie oft sich die ursprüngliche Schuld verdoppelt» (Ramming 1928: 9).

Die Gründe für diesen Prozeß fortschreitender Verschuldung waren vielfältiger Natur. An erster Stelle wird von Zeitgenossen damals und von Historikern heute das System der wechselnden Residenzen genannt. Was ursprünglich von den Tokugawa als raffiniertes Instrument der Kontrolle möglicher Herausforderer angesehen wurde, geriet schon im 17. Jahrhundert zu einer drückenden Last. Der Zwang zur doppelten Haushaltsführung in der Heimat und in Edo verschlang Unsummen. Der *daimyô* des Lehens Karatsu im Norden Kyûshûs war mit seiner Begleitung, mehrere hundert Männer und Frauen, über 30 Tage lang unterwegs, bis er endlich die Residenz seines *shôgun* erreichte. Verpflegung und Unterbringung erforderten nicht nur einen beträchtlichen organisatorischen Aufwand, sie gingen vor allem ins Geld. Das *han* Saga, in der Nachbarschaft Karatsus gelegen, mußte jedes zweite Jahr 20 % des Jahresbudgets allein für die Reise nach Edo und zurück aufwenden.

Ein weiterer Grund für die Verarmung des Samuraistandes lag in den wachsenden Ausgaben als Folge der veränderten Lebensbedingungen. Im Zuge der Reichseinigung hatten die Samurai die Kontrolle über ihre Ländereien verloren; sie waren im Shôgunat zu einer städtischen Elite geworden. In den Burgstädten der *daimyô* und in den zentralen Regierungsbehörden fanden aber nicht alle eine Anstellung. Das öffentliche Erscheinungsbild der Vasallen war deshalb ganz wesentlich von den sogenannten *hirazamurai* geprägt, gewöhnlichen Samurai ohne Land und Amt. Die Verführung durch die Luxusgüter, die in den aufblühenden Städten feilgeboten wurden, und das reiche Angebot an Unterhaltung und Zerstreuung ließen die Ansprüche steigen und den Geldbeutel leer werden.

Naturkatastrophen, Geldentwertung und Reduktionen der Reisdeputate auf der einen Seite, Müßiggang und Verschwendungssucht auf der anderen stürzten den Samuraistand seit Mitte des 18. Jahrhunderts in eine finanzielle Dauerkrise. Amtliche Beobachter der gesellschaftlichen Entwicklung zeichneten deshalb das Leben der Samurai nur noch in düstersten Farben nach: «Sogar Leute vom Range von 500 oder gar 1000 *koku* befinden sich, wie man hört, in solch einer trostlosen Lage, daß sie sich im Sommer kein Moskitonetz leisten können und im Winter ohne warme Decken auskommen müssen. (...) Was gar ihre Frauen und Kinder anbetrifft, so ist es ganz unerträglich, was man da zu sehen und zu hören bekommt» (Ramming 1928: 11).

Mit der pekuniären Auszehrung der Samurai-Haushalte ging der Verlust an sozialem Ansehen einher. Von dem Umstand, daß zahlreiche *han* im 18. Jahrhundert mehr als 50 % der Lehen in Reis über Darlehen finanzieren mußten, profitierten vor allem die reichen Händler. Es kam vor, daß sich auf der Straße nicht die Kaufleute vor den Samurai verbeugten, sondern umgekehrt – ein für die Zeitgenossen des frühen 17. Jahrhunderts noch unvorstellbarer Vorgang. Im Tosa *han* ließ sich der niedere Samurai Tani Tannai, der einer alten und angesehenen Gelehrtenfamilie entstammte, von einem bekannten Kaufmann sogar die Haushaltsbücher führen, weil er den finanziellen Problemen selbst nicht mehr Herr werden konnte und ständig seinen Gläubiger um die Stornierung von Zinsen und Tilgung bitten mußte.

Dem Verlust an öffentlichem Ansehen entsprach nicht nach dem Gesetz, wohl aber in der sozialen Wirklichkeit die Auflösung der ständischen Beschränkungen in Berufswahl und Heiratsverhalten. Manchen Samurai schien es besser, auf Ruf und Rang zu verzichten, um statt dessen als Handwerker oder Kleinhändler zumindest ein sicheres Auskommen zu haben. Umgekehrt fanden Geldverleiher und wohlhabende Großbauern Gefallen daran, in den Stand der Samurai aufzusteigen. Für ein an den Samuraistand gebundenes Amt zahlte man ab 1850 einen festen Preis, oder man ließ sich gegen eine entsprechende Vergütung in eine Samuraifamilie adoptieren und die Kinder in eine solche einheiraten.

Dem ökonomischen und sozialen Niedergang der Samurai sind das *bakufu* in Edo und die *daimyô* in den Provinzen

mit verschiedenen Reformprogrammen entgegengetreten. Das
Hauptaugenmerk lag bei all diesen Maßnahmen auf der Sanie-
rung der öffentlichen Finanzen, die nahezu ausschließlich für
die Versorgung der Vasallen herangezogen wurden. Mit der Er-
höhung der Geldmenge, mit Preismanipulationen oder mit der
exklusiven Vergabe von Handelslizenzen sollten die Einnahmen
vermehrt werden. Im Zuge der Kansei-Reformen wurden den
Samurai 1789 alle seit sechs Jahren aufgelaufenen Schulden per
Dekret erlassen. Der Effekt dieser Maßnahme war natürlich
verheerend: Das Vertrauen der Kaufleute in diese halbstaatliche
Kreditwirtschaft war nachhaltig zerstört; sie hielten sich fortan
mit der Gewährung weiterer Gelder zurück.

Nach einigen Jahren drehte sich die Schuldenspirale jedoch
weiter. Alle Versuche im frühen 19. Jahrhundert, die Not der
Samurai zu lindern, scheiterten immer wieder an den strukturel-
len Defiziten der sozialen und politischen Ordnung: Die Samurai blieben der unproduktivste Stand, und sie kosteten das mei-
ste Geld. In einem letzten, großen Reformvorhaben schlug
Mizuno Tadakuni seit 1841 eine härtere Gangart ein. Mehr als
1000 Samurai wurden von den Behörden «freigesetzt», der Rest
mußte empfindliche Gehaltseinbußen hinnehmen. Geholfen hat
das alles nicht mehr.

Im Vergleich zu den verzweifelten, aber letztlich vergeblichen
Versuchen des *bakufu*, Korruption, Mißwirtschaft und steigen-
de Schuldenstände noch in den Griff zu bekommen, haben die
daimyô in einigen Provinzen, vor allem im Südwesten, zur sel-
ben Zeit erfolgreicher operiert. Im Chôshû *han* startete Murata
Seifû im Auftrag seines *daimyô* eine Kampagne gegen das Lot-
terleben der Vasallen, als die Schulden das 22fache der jähr-
lichen Einkünfte überstiegen. Er behielt einen Teil der Reispen-
sionen ein, reformierte das System der Bodensteuer, richtete
staatliche Transportmonopole ein und lockerte die ständischen
Berufsbeschränkungen und den Gildenzwang. Das hatte den er-
freulichen Effekt, daß die Schulden zwischen 1830 und 1838
um ca. 30 % abgebaut werden konnten. Im Tosa *han* setzte man
auf die Stärkung der lokalen Gewerbe, reduzierte die Importe
und brachte die Produktion von Zucker und Salz unter staatli-

che Kontrolle. Schon 1807 wurde ein erster Überschuß erzielt; seit 1820 wurde Zucker auch in andere Regionen Japans exportiert. Auf der Ebene merkantiler Unternehmungen in den *han* entwickelte sich auf diese Weise ein «ökonomischer Nationalismus», der einerseits die Loyalitätsbindungen von Samurai, Handwerkern und Händlern gegenüber der Heimat, nicht unbedingt gegenüber dem *daimyô*, stärkte, andererseits gegenüber der weit entfernten Zentrale in Edo politische Ressentiments freisetzte. Das sollte genau in dem Moment zu einem gefährlichen Sprengsatz werden, als das *bakufu* auch noch von außen unter Druck geriet.

Die Ankunft der «Schwarzen Schiffe» (1853)

Seit Ende des 18. Jahrhunderts steuerten immer wieder ausländische Schiffe die japanischen Küsten an. Die russische Durchdringung des Fernen Ostens führte seit 1778 gelegentlich Kaufleute in den Norden Japans, wo sie Handelsbeziehungen aufnehmen wollten. Sie wurden allerdings von den japanischen Behörden zurückgewiesen oder von Truppen direkt nach ihrer Ankunft massakriert. Englischen Händlern erging es im Südwesten nicht anders. Als besonders dreist wurde vom *bakufu* der Vorstoß einer amerikanischen Fregatte gewertet, die im August 1837 in die Bucht von Edo eingelaufen war und sich erst nach einigen kräftigen Salven der japanischen Küstenverteidigung wieder vertreiben ließ. In jenem Jahr lag eine ganz besondere Anspannung auf dem Land, seit im Frühjahr ein großer Aufstand unter der Führung des Samurai Ôshio Heihachirô, der sich gegen die Korruption und Mißwirtschaft in Ôsaka richtete, ganz Japan in Aufregung versetzte. Nun wurden Ängste vor einem Angriff westlicher Mächte neu geschürt. Die Regierung beschloß deshalb, an ihrer rigorosen Politik der Abschließung festzuhalten. Das schloß nicht aus, daß Walfängern oder gestrandeten Seeleuten gelegentlich auch geholfen wurde. In den Reihen der Intellektuellen und Beamten wurde das Thema der «westlichen Barbaren» jedoch weiter diskutiert.

Schon 1825 hatte der Gelehrte Aizawa Seishisai mit seinen

«Neuen Thesen» («Shinron») einen wichtigen Beitrag zu diesen Problemen geliefert. Für ihn war es mit der einfachen Ausgrenzung der westlichen Einflüsse nicht mehr getan. Das Shôgunat solle sich lieber zu einschneidenden inneren Reformen durchringen, mit denen sich dann auch der alte Samuraigeist wiederbeleben ließe. Jahre später rief Sakuma Shôzan, ein anderer großer Denker, unter dem Schock der chinesischen Niederlage im Opium-Krieg von 1840/42, zur Modernisierung des japanischen Militärs auf. Seine Wertschätzung der westlichen Wissenschaft, die durch Vermittlung der sogenannten «Holland-Wissenschaften» im 18. Jahrhundert bekannt wurde, hat er mit den Errungenschaften der japanischen Kultur zu versöhnen gesucht. So entstand die berühmte Formel «östliche Tugenden, westliche Wissenschaft», die auch von den konservativen Samurai eine größere Aufgeschlossenheit gegenüber technischen Neuerungen verlangte. So weitsichtig die Vorschläge Shôzans und anderer Gelehrter auch waren, unter den verkrusteten Bedingungen des shôgunalen Systems konnten sie nur langsam umgesetzt werden.

Wie schon bei den wirtschaftlichen Reformen waren es auch im militärischen Bereich die *han*, die im Prozeß der technischen Erneuerung und des taktischen Umdenkens dem *bakufu* in Edo vorausgingen. Erste Kontakte mit bewaffneten englischen Fregatten an den Küsten Kyûshûs hatten unmißverständlich deutlich gemacht, daß man mit den Waffen des 16. Jahrhunderts nicht den machtpolitischen Herausforderungen des 19. Jahrhunderts widerstehen konnte. Voraussetzung für die Wiederbelebung eines militärischen Geistes unter den Samurai war, daß ihre administrativen Aufgaben zugunsten militärischer Dienste zurückgeschnitten wurden. Dabei wurde die Struktur der einzelnen Einheiten in einigen *han* wie Satsuma oder Saga rationalisiert: Die älteren Regeln, wonach ein berittener Samurai von mehreren bewaffneten Fußsoldaten und nicht kämpfenden Dienstleuten begleitet wurde, hat man im Zuge der vermehrten Ausstattung der Samurai mit Gewehren abgeschafft. Fortan galt der Grundsatz «ein Mann, eine Waffe»! Manöver und Schießübungen wurden wieder eingeführt. In Nagasaki versorgten sich die *daimyô* bei holländischen und chinesischen Händlern mit neuen Gewehren und Kanonen, die bald nachgebaut und weiterentwickelt wurden.

Ungeachtet dieser Vorbereitungen auf eine künftige Auseinandersetzung mit dem Westen war die Ankunft eines amerikanischen Geschwaders unter der Leitung Kommodore Perrys im Juli 1853 für die meisten Japaner ein Schock. Jetzt erst wurde vielen klar, wie isoliert Japan von den weltpolitischen Entwicklungen war. Man wußte dort nicht, daß die Vereinigten Staaten mit der Einverleibung von Kalifornien und Oregon 1846/48 eine pazifische Macht geworden waren, die sich anschickte, den Europäern in Ostasien Konkurrenz zu machen. Wenig Verständnis hätte man in Japan seinerzeit auch für eine amerikanische Debatte gehabt, in deren Verlauf die «Abschließung» eines Landes durch einen «asiatischen Despoten» für unzivilisiert erklärt wurde. Die Amerikaner ließen sich jedenfalls weder mit Kugeln noch mit guten Worten wieder vertreiben, sondern zwangen das Shôgunat 1854 zum Abschluß eines Freundschaftsvertrags. Vier Jahre später wurde daraus ein formeller Handelsvertrag, dem sich andere westliche Mächte bald anschlossen. Die Nachgiebigkeit des *bakufu* bei den Verhandlungen über die «ungleichen Verträge» mobilisierte die politische Elite Japans auf allen Ebenen. Radikale Samurai in den südwestlichen Lehensgebieten machten sich zusammen mit Teilen des Hofadels, der politisch wieder ein höheres Gewicht erhielt, für die gewaltsame Vertreibung der Fremden stark. Gemäßigte *daimyô* plädierten für ein Zusammengehen von *tennô* und *shôgun*, weil sie der Regierung allein die Lösung der Probleme nicht mehr zutrauten. Die politischen Aktivitäten verlagerten sich einmal mehr vom Zentrum an die Peripherie, von der Residenz des *shôgun* in Edo an den Hof in Kyôto und in die Burgstädte jener Provinzen, die den Tokugawa seit mehr als zweihundert Jahren kritisch gegenüberstanden.

Der Samurai als Patriot.
Der bewaffnete Widerstand gegen die «Öffnung» Japans

In den dramatischen Jahren zwischen der Ankunft Perrys und dem Sturz des letzten *shôgun* Tokugawa Yoshinobu haben die Samurai auf der Bühne der japanischen Politik eine prominente Rolle gespielt. Das öffentliche Bild der Samurai wurde in dieser Zeit von den sogenannten *shishi* («ambitionierten Kriegern») geprägt. Die *shishi* waren Männer, die auf die äußere und innere Krise des Landes reagierten, indem sie sich aktiv in die aktuellen Debatten einschalteten und ihre nationalistischen Ziele auf dem Weg der «direkten Aktion», d. h. auch durch Terror, zu erreichen versuchten. Die Bezeichnung *shishi* war insofern ein Euphemismus, als ein konsistentes politisches Konzept hinter den Aktivitäten dieser Samurai nicht zu erkennen war. Einig war man sich nur darin, daß man dem *bakufu* in Edo die politische Initiative nicht mehr allein überlassen wollte. Die *shishi* waren dabei das Ergebnis einer Polarisierung, die die japanische Öffentlichkeit seit den 1850er Jahren erfasst hatte. Die Intervention der westlichen Mächte und der erzwungene Abschluß der «ungleichen Verträge» wurde von den meisten Samurai außerhalb der Regierung als nationale Schande empfunden. Die *shishi* fühlten sich sogar in ihrer persönlichen Ehre verletzt und gaben der Regierung des *shôgun* die Schuld an der Sache. In der Tat ist auffallend, daß insbesondere unter den radikal fremdenfeindlichen Samurai die Zahl der rituellen Selbsttötungen gegen Ende der Tokugawa-Zeit merklich zunahm, vor allem als Strafe für Attentate auf ausländische Händler und Diplomaten. Der berühmte Dichter Mori Ôgai hat diesem Phänomen in der Erzählung «Der Zwischenfall in Sakai» im Jahre 1914 ein bleibendes Denkmal gesetzt. Die Soziologin Ikegami Eiko hat das Auftreten der *shishi* als Nachweis dafür genommen, daß es in den Jahren vor der Meiji-Restauration zu einer spürbaren Wiederbelebung des älteren, individualistischen Ehregedankens gekommen sei.

Für eine solche Einschätzung finden sich in der Tat eine Reihe guter Belege. Dem unnachgiebigen Verlangen nach einem durchgreifenden Umbau von Staat und Gesellschaft hat kaum jemand so deutlich Ausdruck verliehen wie der Sozialphilosoph Yoshida Shôin, der selbst einer niederen Samuraifamilie entstammte. Schon in jungen Jahren versammelte er in einer privaten Akademie im Chôshû *han* viele der politisch Begabten um sich, die nach der Meiji-Restauration ein wichtiges Amt bekleiden sollten. Seine Rolle als scharfer Kritiker des herrschenden Systems mußte er im Alter von nur 29 Jahren mit einem unfreiwilligen Tod büßen. Shôins Schriften blieben aber weiterhin einflußreich, weil er den Samurai-Beamten ihr altes, individuelles Ehrgefühl zurückgab. *haji* («Scham» oder «Schande») war für ihn das «wichtigste Wort im Lexikon eines Samurai» (Yoshida 1972: 319). Persönlichem Gesichtsverlust zu entgehen und die eigene Würde zu bewahren – von diesen sozial-moralischen Maximen sollten sich auch die Samurai wieder leiten lassen.

Diesem von Shôin restituierten Begriff persönlicher Ehre, jenseits von «Beruf» und «Rang», sind insbesondere die *shishi* in den letzten Jahren des Shôgunats gefolgt. Es ist nicht leicht, diese nationalistischen Samurai programmatisch und sozial genau zu charakterisieren. Man kann ihre Repräsentanten allenfalls grob in zwei Gruppen unterteilen: in die der moderaten Pragmatiker, die ungeachtet ihrer Ressentiments von der technischen und militärischen Überlegenheit der westlichen Mächte überzeugt waren, und in die der romantischen Royalisten, bei denen sich der Kampf gegen die Bedrohung von außen mit einer scharfen Kritik am *shôgun* verband, was sie zu leidenschaftlichen Verfechtern einer Wiederbelebung der Herrschaft des *tennô* werden ließ: «Verehrt den *tennô* und vertreibt die Barbaren», so lautete die Devise dieser Männer. In vielen Fällen handelte es sich bei den *shishi* um herrenlose, sozial deklassierte Samurai, die um 1860 nichts mehr zu verlieren hatten. Die meisten gehörten den niederen Schichten des Samuraistandes (*kakyû bushi*) an; sie hatten in den Jahrzehnten des ökonomischen Niedergangs den höchsten Preis zahlen müssen.

Nach der erzwungenen «Öffnung» des Landes gingen etwa 70 Attentate auf Ausländer oder Repräsentanten des *shôgun* auf das Konto der Extremisten. Ii Naosuke, der für das *bakufu* mit

harter Hand gegen alle Kritiker und Rebellen vorging und einige
shishi auch hinrichten ließ, wurde im März 1860 selbst eines
ihrer Opfer. In kleineren Gruppen gingen die *shishi* gegen die
Enklaven der ungeliebten «Langnasen» vor, oder sie schlossen
sich den aufbegehrenden Provinzen aus dem Südwesten in deren
Kämpfen gegen die Truppen des *shôgun* an. Dabei war ihnen die
emotive Gratifikation, die sich aus der Tat als solcher ergab, oft
wichtiger als ein politisches Ziel. Die Vision eines erneuerten
Japan unter der Herrschaft des *tennô* hatten eher die abgeklär-
ten Pragmatiker aus den Daimyaten von Chôshû und Satsuma
im Auge. Sie zwangen im Verbund mit einflußreichen Kreisen
bei Hof den *shôgun* zum Rücktritt, besetzten im Januar 1868
den Kaiserpalast in Kyôto, erklärten das *bakufu* definitiv für
abgeschafft und setzten den *tennô* wieder in seine alten Rechte
ein.

Die Historiker haben diesen Vorgängen den Namen Meiji-
Restauration (*meiji ishin*) gegeben, weil der 16jährige Mutsuhi-
to als *tennô* seiner Regierungszeit die Devise *meiji* («erleuchtete
Regierung») voranstellte. Lange war umstritten, wer genau zu
den Trägerschichten des sozialen Wandels gehörte, der mit dem
Begriff «Restauration» eigentlich zu konservativ beschrieben
ist. Heute herrscht weitgehend Übereinstimmung in der Auffas-
sung, in den niederen Samurai die treibenden Kräfte des Um-
sturzes und der darauf folgenden Modernisierung zu sehen.
Fraglich ist weiterhin, welchen politischen und gesellschaftlichen Leitbildern die Reformer gefolgt sind. Seit den großen
Kontroversen der japanischen Historiker über die Bedeutung
der Meiji-Restauration für die Geschichte Japans hat man viele
Jahre geglaubt, daß die Samurai als Verwaltungselite der Edo-
Zeit ihre kriegerische Mentalität vollkommen verloren hätten.
Die ökonomischen Probleme seit Ende des 18. Jahrhunderts
hätten das Treueverhältnis zwischen Herren und Vasallen brü-
chig werden und die beschäftigungslosen Samurai in den Teehäusern und Bordellen der Burgstädte verkommen lassen. Diesem degenerativen Bild der Samurai ist die neuere Historiographie mit einem neokonservativen und kulturalistischen Ansatz
entgegengetreten. Mittels der Idee des *shokubun*, in dem Beru-

fung und Standesbewußtsein zusammenfielen, hätten die Samurai wieder zum Bewußtsein ihrer öffentlichen Verantwortung zurückgefunden. Die Bedrohung durch den Westen, die mit der Restauration noch nicht vorbei war, habe das alte militärische Ethos wiederbelebt. Dieser alte Kriegergeist habe sich aber nun, unter den Bedingungen des modernen Japan, eher in der friedlichen, aber kraftvollen Neuordnung von Staat und Gesellschaft verwirklicht als in der Konservierung überkommener Privilegien. Alle Gründe dafür, den Samuraistand als privilegierte Elite beizubehalten, seien damit hinfällig geworden.

Man wird dieser Auffassung von der Wiederbelebung des alten Samuraigeistes im Angesicht äußerer Gefahren nicht vorbehaltlos zustimmen können. Mit der Wiederentdeckung des tradierten Ehrbegriffs hatte sich die ökonomische und soziale Dauerkrise des Staates, und damit auch die der Samurai, keineswegs erledigt. Von den sich daraus ergebenden sozialen Spannungen wollen aber die neueren Interpretationen nichts wissen; ihre Helden sind der sozialen Wirklichkeit weitgehend entrückt. Dabei hatten die vorsichtigen Versuche zur Reformierung des Militärwesens vor der Restauration zwar die Schlagkraft einiger Truppen verbessert, aber nicht allen sozial deklassierten und beschäftigungslosen Samurai eine neue Anstellung verschafft. Diese Probleme führen uns geradewegs zu der nächsten Frage, was denn aus diesen «wiedergeborenen Kriegern» ohne Beruf eigentlich nach der Restauration von 1868 geworden ist.

VIII. Die Samurai nach der Meiji-Restauration von 1868

Das Ende eines Herrschaftsstands

Die Jahre nach dem Sturz der Tokugawa und der Restitution der *tennô*-Herrschaft waren eine Zeit militärischer Konflikte und politischer Experimente. Für einen kurzen Moment schien das Land am Rande eines großen Bürgerkriegs zu stehen, denn die

Anhänger des *shôgun* wollten ihren Einfluß nicht kampflos preisgeben. Von den Truppen der südwestlichen Daimyate, vor allem aus Chôshû und Satsuma, mußten sie mühsam niedergekämpft werden. Währenddessen machten sich ihre politischen Führer, wie Saigô Takamori oder Ôkubo Toshimichi, zusammen mit den einflußreichen Ratgebern des *tennô*, der nun in die neue Hauptstadt Tôkyô umzog, an die Neuordnung von Staat und Gesellschaft. Diese vollzog sich zunächst auf dem Weg der Improvisation, denn niemand aus dem genannten Führungskreis verfügte für die nun folgende «Modernisierung von oben» über ein konkretes und abgestimmtes Programm. Dies ließ die Verantwortlichen in ihren Entscheidungen oft unsicher und zurückhaltend erscheinen, weswegen die ersten Reformen noch einen defensiven Charakter hatten. Nach dem Willen des *tennô* bzw. seiner Ratgeber sollten sich alle sozialen Schichten an der Umgestaltung von Staat und Gesellschaft beteiligen. Ihre Interessen sollten dabei politisch angemessen repräsentiert werden. Japan als Ganzes war aufgerufen, sich der Welt gegenüber wieder zu öffnen. Aus diesen Bekundungen mochte man herauslesen, daß die ständische Struktur der Gesellschaft, und damit auch die privilegierte Stellung der Samurai, nicht angetastet werden sollte. Aber das war ein Trugschluß.

Fürs erste blieben die Samurai-Beamten, an ihrer Spitze die *daimyô*, in ihren Ämtern. Dann unternahmen die Herren der Territorien, die den Sturz des Shôgunats betrieben hatten, einen neuen Vorstoß. Sie boten dem *tennô* 1869 die Rückgabe der alten Lehensregister an und stellten damit die alten Besitz- und Herrschaftsrechte zur Disposition. Mit der Annahme dieses Angebots war die ständische Ordnung der Edo-Zeit obsolet geworden. Dennoch wollte sich die neue Regierung nicht sogleich zu einer Abschaffung oder Nivellierung der Statusgrenzen entschließen, sondern begann eher behutsam, die Gesellschaft nach ihren Vorstellungen umzubauen. Die Angst vor einer Revolte der alten Eliten mag dabei eine Rolle gespielt haben. Im Juni 1869 wurden die *daimyô* mit dem Hofadel (*kuge*) in einem weniger als 3000 Familien umfassenden neuen Hochadel (*kazoku*) zusammengeführt und an die Spitze einer «Drei-Klassen-Gesellschaft» gestellt. Bis im Jahre 1871 die alten Lehensgebiete in moderne Präfekturen umgewandelt wurden, verblieben die *daimyô* als Gouverneure auf ihren Posten; danach mußten sie ihre Ämter aufgeben. Der heterogene Stand der Samurai wurde formell abgeschafft, neu geordnet und umbenannt: Die hochrangigen Angehörigen des Kriegeradels mit erblichen Besitz- und Herrschaftsrechten bildeten die Klasse der *shizoku* (Kriegerfamilien); das waren 1873 etwa 1,5 Millionen Menschen bei einer Gesamtbevölkerung von etwa 33 Millionen. Einfache Fußsoldaten (*ashigaru*) wurden vorübergehend im Stand des niederen Kriegeradels (*sotsuzoku*) zusammengefaßt, doch erwies sich diese Trennung in vielen Landesteilen als zu kompliziert, so daß man diese Separierung schon 1872 wieder aufgab. Der kleinere Teil der niederen Samurai mit Erbrechten an Ämtern stieg in die Klasse der *shizoku* auf, das Gros wurde der dritten Klasse, dem «gewöhnlichen Volk» (*heimin*), also den Bauern, Handwerkern und Händlern, zugeschlagen.

Diese gesellschaftliche Neuordnung wurde in den folgenden Jahren mit diversen politischen und ökonomischen Maßnahmen abgestützt. Sie stellten den neuen Kriegeradel vor bislang ungeahnte Herausforderungen. In diesem Zusammenhang müssen insbesondere die sukzessive Ablösung der Reisstipendien genannt werden, womit die Ex-Samurai ihre materiellen Lebensgrundlagen verloren, sodann die Einführung einer allgemeinen Wehrpflicht und zuletzt die Abschaffung der alten Herrschaftssymbole.

Die spannungsgeladene Ambivalenz zwischen der solidarischen Sympathie für die Samurai und der ökonomischen Einsicht in die Notwendigkeit zur Abschaffung ihrer Besitzrechte kam in den Reihen der Meiji-Oligarchen insbesondere in der Frage der Besoldung zum Ausdruck. Wieder waren es die Reform-Daimyate im Südwesten, die in der Neuregelung der Samuraigehälter vorangingen. In Satsuma auf Kyûshû wurde die erbliche Besoldung drastisch reduziert, in Chôshû bemühte man sich, die Kürzung der Einkünfte dadurch auszugleichen, daß man den Ex-Samurai gestattete, sich beruflich in Handel, Handwerk oder Landwirtschaft zu betätigen. In anderen Präfekturen wurden die vakanten Stellen nicht mehr nach Maßgabe alter Privilegien vergeben, sondern nach Leistungskriterien; die ehemaligen Samurai schnitten dabei aber nicht unbedingt schlechter ab, da viele in den Akademien und Tempelschulen eine gute Ausbildung genossen hatten und deshalb jetzt wieder eine neue Beschäftigung in den Verwaltungen fanden. Im Jahre 1881 stellten die *shizoku* zwar nur 5,3 % der japanischen Gesamtbevölkerung, hatten aber 40,7 % aller Posten in der öffentlichen Verwaltung inne.

Die Regierung in Tôkyô hat an dieser Integrationsleistung einen hohen Anteil. Ökonomisch stand sie unter einem besonderen Druck, war sie doch nach der Restauration allein für die Bezahlung der Samurai verantwortlich, nachdem mit der Rückgabe der Lehensregister, der Abschaffung der Domänen und der Einrichtung von Präfekturen nicht nur symbolisch das Band zwischen Herren und Vasallen zerrissen war. Nach vorsichtigen Schätzungen verschlangen die Ausgaben für die Samurai unmittelbar nach 1868 mehr als ein Viertel der Staatsausgaben. Wollte die Regierung überhaupt einen fiskalischen Spielraum für die anstehende Modernisierung von Staat und Gesellschaft gewinnen, mußte sie sich wohl oder übel dieser Belastungen entledigen.

Auch wenn die Vorschläge, die dazu aus der Regierung des Meiji-*tennô* kamen, harte Einschnitte vorsahen, war man sich doch einig darin, eine Lösung zu finden, die auch die historischen Leistungen des Kriegeradels würdigte und diesem ein gesichertes Auskommen in Aussicht stellte. So sprach sich etwa Iwakura Tomomi, einer der politischen Architekten der Restauration, dafür aus, sich die Fähigkeiten der Samurai auch für die Zukunft zunutze zu machen: «Es ist eine Notwendigkeit ersten Ranges, sich der Samurai zu bedienen. Sie allein können die staatlichen Angelegenheiten voran bringen. Da andere Länder über keine so vornehme Schicht von Männern verfügen, hat Japan die natürlichen Voraussetzungen und Talente (…) und den Willen zum Fortschritt, um in nicht allzu ferner Zukunft mit den Nationen des Westens zu konkurrieren» (Iwakura 1927,2: 548).

In diesem Sinne ging die Regierung die Ablösung der an Lehen gebundenen Stipendien mit Augenmaß an. Zunächst wurden die Gehälter besteuert, was den Staatshaushalt 1873 insgesamt um 11 % entlastete. Im gleichen Jahr wurde der Eintausch der Stipendien gegen Staatsanleihen ermöglicht; drei Jahre später wurde der Umtausch der Stipendien für alle Mitglieder der *shizoku* Pflicht. Dem alten Feudalsystem war damit endgültig die ökonomische Basis weggebrochen. Die Samurai mußten sich selbst versorgen, und die Anleihen waren dabei als Hilfe zur Selbsthilfe gedacht. Rücksichtslos verfuhr die Regierung hingegen mit den direkten Vasallen der Tokugawa, deren Einkünfte drastisch, zwischen 60 % bei den niederen Rängen und 90 % bei den höheren, reduziert wurden. Viele Samurai waren genötigt, ihren Besitz, darunter auch ihre wertvollen Schwerter, zu veräußern, um ihre Frauen und Kinder noch ernähren zu können. Andere zogen es vor, auf den wenigstens Prestige verheißenden *shizoku*-Status zu verzichten und statt dessen eine neue Beschäftigung in Handel und Gewerbe zu suchen. Ein entsprechendes Gesetz über die Möglichkeiten der freien Berufswahl für die ehemaligen Samurai hatte im Dezember 1871 dazu die nötigen Voraussetzungen geschaffen.

Ein zweiter Schritt in der Freisetzung des alten Herrschaftsstands wurde im Januar 1872 mit der Proklamation der allgemeinen Wehrpflicht getan. Die Meiji-Regierung reagierte damit auf die seit langem schwelende Kritik an der Lebensweise der Samurai unter dem Shôgunat und nahm ausdrücklich auf die Traditionen der Nara-Zeit im Geist der Restauration Bezug: «In alten Zeiten wurde das Heer von der Bevölkerung des ganzen Landes gestellt. Im Kriegsfall wurde der Kaiser zum General, sammelte kampfestaugliche Männer um sich und unterwarf damit seine Widersacher.(...) Ursprünglich gab es keine Personen, die sich, wie in späteren Zeiten, zwei Schwerter umgürteten, sich *bushi* nannten, ein müßiges Leben führten und soweit gingen, Menschen umzubringen, ohne daß die Regierung ihre Verbrechen ahnden konnte» (Koike-Good 1994: 62). Diese Einschätzung seitens der Regierung war unter einigen *daimyô* schon vor der Restauration verbreitet gewesen, was unter dem

Schock der amerikanischen Intervention dazu geführt hatte, daß die Truppen der kriegsuntauglichen Samurai mit Männern aus dem Volk verstärkt wurden. Das exklusive Recht der Samurai zum Waffentragen wurde damit bereits vor 1868 unterlaufen. Danach nahm der Anteil der berittenen Krieger und Fußsoldaten an den Truppen der einzelnen Präfekturen weiter ab. Das hatte zur Folge, daß «die effektive Einführung der allgemeinen Wehrpflicht im Januar 1873 für den Großteil der Samurai keine wesentliche Veränderung ihrer Lebensweise und Existenzgrundlage bedeuten mußte» (Koike-Good 1994: 70).

Nach diesem Gesetz waren alle Männer im Alter von 20 Jahren wehrpflichtig, doch gab es Schlupflöcher, die es Söhnen aus dem reichen Kaufmannsstand, aber auch Samurai erlaubten, sich von der Verpflichtung zum Militärdienst loszukaufen. Insbesondere die Ex-Samurai zeigten wenig Neigung, nun Seite an Seite mit «gewöhnlichen Menschen» in einer schlecht bezahlten Volksarmee ihren Dienst zu versehen. Von einer Wiederbelebung des alten Samuraigeistes kann jedenfalls dort, wo er eigentlich seinen Platz gehabt hätte, überhaupt keine Rede sein! Appelle der Regierung an die neuen Präfekturen, die Samurai, die bislang im Dienst der *daimyô* bzw. ihrer Hausvasallen gestanden hatten, in die nächstgelegene Garnisonstadt zu schicken, blieben weitgehend ohne Wirkung.

Der Abschaffung der Reisstipendien und der Aufstellung eines Volksheeres folgte als letzter Schritt im Prozeß der Abwicklung eines feudalen Herrschaftsstands die Einziehung der alten Machtsymbole. Diese Maßnahmen wurden von den Mitgliedern der *shizoku* als besonders schmerzlich empfunden, weil sie einer öffentlichen Demütigung gleichkamen. Ab 1871 wurde den Samurai verboten, Mitglieder anderer Stände bei Versagung des Respekts zu züchtigen oder gar zu töten. Wenigstens de jure wurde damit ein Stück sozialer Gleichheit hergestellt; der Staat zog das Gewaltmonopol an sich. Folgerichtig wurden den Ex-Samurai 1876 – nachdem die Privilegien zum Tragen eines Zopfknotens, eines Zunamens und bestimmter Kleidungsstücke bereits gefallen waren – die beiden Schwerter als die letzten verbliebenen Insignien der alten Machtstellung genommen.

Viele *shizoku* fühlten sich an die Zeit Hideyoshis zu Ende des 16. Jahrhunderts erinnert; das bittere Wort von einer «zweiten Schwertjagd» machte die Runde. In einigen Regionen haben Mitglieder des alten Kriegeradels an den Symbolen ihrer Herrschaft trotzig festgehalten. Vielerorts formierte sich Widerstand, der sich zunächst noch friedlich, etwa in Petitionen, äußerte, dann aber in eine offene Revolte umschlug.

Die Samurai-Aufstände (1874–77)

Auch nach dem Sieg der Truppen aus den südwestlichen Territorien über die Anhänger des Shôgunats kam es immer wieder zu lokal begrenzten Konflikten. Diese hatten verschiedene Ursachen. Die soziale Unzufriedenheit und die existentielle Verunsicherung spielten dabei eine große Rolle. Nach Auflösung der *han*-Truppen und der Einführung einer Wehrpflicht-Armee waren die meisten Samurai ohne feste Anstellung, wenn sie nicht in den Verwaltungen ein neues Amt bekleiden konnten. Der soziale Protest verband sich in den meisten Fällen mit antiwestlichen und regierungsfeindlichen Einstellungen. Es kam zur Organisation von Vereinigungen wie der «Kyôninsha» («Vereinigung der starken Beharrlichkeit»), die, wie etwa im Saga-Aufstand von 1874, zur offenen Rebellion gegen die Präfekturverwaltungen aufrief. An anderen Erhebungen läßt sich beobachten, daß insbesondere der Verlust der alten Herrschaftssymbole als Schande empfunden wurde. In einem Aufruf der «Shinpûren» («Vereinigung des göttlichen Windes») hieß es dazu: «Wir werden den hiesigen, eigentlichen Pfad weiterbeschreiten und uns der Schmach des Haarschneidens und Schwerterablegens nicht beugen» (Watanabe 1977: 94).

Vor allem zog der neue Kurs der Regierung in Tôkyô die Kritik der Ex-Samurai auf sich. Im Zentrum der Debatten stand in den Jahren zwischen 1871 und 1873 die Korea-Frage. Zu dieser Zeit befand sich eine hochrangig besetzte Regierungsdelegation auf einer ausgedehnten Reise durch die USA und einige europäische Länder. Die Leitung der Amtsgeschäfte oblag neben anderen dem begabten Militärstrategen Saigô Takamori. Er warb in der Regierung für eine gewaltsame «Öffnung» Koreas. Viele tausend Samurai sollten in Expeditionskorps beschäftigt und für einen auch nach außen hin starken japanischen Staat gewonnen werden. Saigô konnte sich aber gegen die moderaten Kräfte in der Regierung nicht durchsetzen. Auf den Auslandsreisen hatten ihre Mitglieder und Ratgeber erkannt, daß sich Japan zu diesem Zeitpunkt wegen seines militärischen Rückstands gegenüber den Nationen des Westens außenpolitische Abenteuer noch nicht leisten konnte. Desillusioniert zog sich Saigô mit seinen Anhängern nach Kyûshû zurück, baute dort eigene Militärakademien auf und unterstützte die Bildung einer «Partei zur Bestrafung Koreas», das sich der Aufnahme diplomatischer Beziehungen bislang erfolgreich widersetzt hatte. Im Jahre 1877 scharte Saigô mehr als 20 000 Krieger um sich, um sie zum Sturz der Regierung nach Tôkyô zu führen. Die Satsuma-Rebellion wurde von den besser ausgebildeten und mit westlichen Waffen ausgerüsteten Regierungstruppen schon auf Kyûshû niedergekämpft. Die Konterrevolution des großen Kriegerführers war damit gescheitert. Saigôs Selbstentleibung durch *seppuku* machte ihn in den Augen seiner Bewunderer zum politischen Märtyrer und zum letzten Helden einer verloren gegangenen Welt.

Man wird die Bedeutung der Rebellionen insgesamt nicht überschätzen dürfen. Sie waren «nicht die allgemeine Antwort der Samuraiklasse auf deren Auflösung (...), sondern eine Ausnahmereaktion» (Koike-Good 1994: 7). Die politischen Ziele der Aufständischen waren uneinheitlich; politische Reaktion und sozialer Protest mischten sich in den Aktionen. Man würde fehlgehen, die Revolten als ein Zeichen für eine reaktionäre Gesinnung der *shizoku* insgesamt zu nehmen; immerhin beteiligten sich nur ca. 6 % der ehemaligen Samurai an den verschiedenen Erhebungen. Der größte Teil der ehemaligen Samurai war bereit und selbstbewußt genug, sich auf die Herausforderungen der Moderne einzulassen.

Die alte Elite in der neuen Gesellschaft

Der wesentliche Grund dafür, daß es zur Auflösung des feudalen Herrschaftsstandes ohne einen lang andauernden Bürgerkrieg kam, lag darin, daß sich die Transformation der Samurai in Etappen und mit der Aussicht auf Protektion und Kompensation vollzog. Der neue Hochadel (*kazoku*) bezog seine neuen Residenzen in Tôkyô und wurde von der Regierung komfortabel ausgestattet. Umfangreiche Landgüter hat er weder besessen noch neu erworben; in den Listen der Großgrundbesitzer tauchen Mitglieder des Hochadels jedenfalls nicht auf. Im Bankengewerbe und im Eisenbahnbau war das Engagement des ehemaligen Hofadels und der abgetretenen *daimyô* als Investoren aber durchaus bemerkenswert. Politischen Einfluß übte der Hochadel auch nach 1868 aus. Seine Interessen wurden seit 1890 in einem Oberhaus repräsentiert. Er war als soziale und politische Gruppe nun sichtbarer als vor der Restauration, was in der öffentlichen Wahrnehmung einen doppelten Effekt hatte: Die Mitglieder der *kazoku* bildeten einen Puffer zwischen dem *tennô* und dem «gemeinen Volk», und sie relativierten die Bedeutung des niederen Adels, der sich aus den ehemaligen Samurai zusammensetzte, da dieser nun nicht mehr unangefochten an der Spitze der Gesellschaft stand.

Mit ihren sozialen und finanziellen Nöten wurden die Ex-Samurai von der neuen Meiji-Regierung nicht allein gelassen. Selbstverständlich konnten nicht alle *shizoku* in der Verwaltung oder in der Armee eine neue Verwendung finden. Die Einführung der freien Berufswahl hatte Anfang der 1870er Jahre noch nicht den gewünschten Erfolg gezeigt. Aus diesem Grunde entschloss sich die Regierung zu einem umfangreichen Hilfsprogramm (*shizoku jusan*), das sich in zweierlei Richtungen positiv auswirkte: Es eröffnete den ehemaligen Samurai neue Beschäftigungsmöglichkeiten, und es leistete einen Beitrag zur Modernisierung des Landes.

Dieses Hilfsprogramm war auf drei Bereiche ausgerichtet. Im Vordergrund stand die Landerschließung in den Regionen der Peripherie. An diesem Projekt beteiligten sich schließlich etwa

20 000 Samurai. Sie erhielten dafür die nötigen finanziellen Mittel. Brachliegendes Ackerland wurde ihnen zu besonders günstigen Konditionen zur Pacht angeboten. Von besonderer Bedeutung war die weitere Erschließung Hokkaidôs, an der sich zwischen 1884 und 1889 rund 5000 ehemalige Samurai mit ihren Familien beteiligten. In Hokkaidô verband sich das soziale Hilfsprogramm mit strategischen Überlegungen. Die *shizoku* sollten mit dem Aufbau von Militärstationen Sicherheit vor russischen Übergriffen schaffen und gegebenenfalls gegen die einheimischen Ainu vorgehen.

Darüber hinaus wurde den Ex-Samurai erlaubt, ihre aus den Erblehen gewonnenen Anleihen in Bargeld umzutauschen, wenn sie sich gleichzeitig bereit erklärten, dieses in die Einrichtung einer Zweigstelle der 1872 gegründeten Nationalbank zu investieren. Ziel war, das ganze Land mit einem Netz von Filialen zu überziehen, um so den Handel zu stimulieren. Zwischen 1876 und 1878 kam es tatsächlich zur Gründung von 148 Zweigstellen der Nationalbank unter der Leitung eines ehemaligen Samurai. Seine Standesgenossen hielten 1882 75 % der Einlagen.

Der dritte Bereich zielte auf Investitionsbeihilfen für neue Industrieprodukte. Günstige Darlehen erlaubten es den *shizoku*, vor allem im Schiffsbau, in Zementfabriken und in der Bauwirtschaft aktiv zu werden. Auch die ältere Tradition der Heimindustrie, ein Kind der Not in den letzten Jahrzehnten der Tokugawa-Zeit, wurde nun professionell ausgebaut.

An der Frage der Beteiligung der Samurai am Aufbau einer modernen Finanz- und Industriewirtschaft hat sich seit den 1950er Jahren eine große Debatte entzündet. Zahlreiche Wirtschaftshistoriker haben die Auffassung vertreten, daß sich der schnelle Wiederaufbau Japans nach dem Krieg und der dann folgende Aufstieg des Landes zur zweitgrößten Volkswirtschaft der Welt dem geistigen Erbe und dem tatsächlichen Engagement der Samurai verdanke. Der Kronzeuge für solche Thesen war Shibusawa Eiichi, der es vom einfachen Samurai am Ende der Shôgunatszeit bis zum Präsidenten der ersten Nationalbank und zum Besitzer des größten Textilunternehmens in Ôsaka brachte.

Kennzeichnend für den Samurai-Unternehmer vom Schlage Shibuzawas sei, daß er sich nicht zuerst am Profit orientiert habe, sondern, als Folge der kulturellen Einzigartigkeit der Samurai und der besonderen politischen Umstände der Restaurationszeit, vor allem das Wohl der japanischen Nation im Auge gehabt habe.

In mehreren Studien hat der Wirtschaftshistoriker Yamamura Kôzô in den 1970er Jahren darauf hingewiesen, wie problematisch ein solcher Ansatz ist. Erstens war es mit den selbstlosen Samurai-Unternehmern nicht weit her; wer letztlich erfolgreich war, hat sich am Profit orientiert. Zweitens ließ sich eine Reihe von Gegenbeispielen anführen, bei denen erfolgreiche Unternehmer aus ganz anderen Schichten kamen, wie etwa Iwasaki Yatarô, der Gründer des Mitsubishi-Konzerns, der einer bäuerlichen Familie entstammte. Und drittens sind, seit sich die historische Forschung von den Zentren wegbewegt und sich genauer die Entwicklung in den abgelegenen Regionen Japans anschaut, zahlreiche Fälle bekannt geworden, in denen Samurai als Unternehmer scheiterten. Das Hilfsprogramm für die ehemaligen Samurai führte in Finanzwirtschaft und Industrie also zu ganz unterschiedlichen Ergebnissen.

Insgesamt wird man aber sagen dürfen, daß die Ablösung der Samurai als feudaler Herrschaftsstand und ihre Integration in die Gesellschaft des modernen Japan ein politischer Erfolg waren. Für diese Schlußfolgerung sprechen mehrere Gründe. Mit der Schaffung des *shizoku*-Rangs knüpfte man bewußt an die alten Traditionen an und sicherte den ehemaligen Samurai zumindest dem Rang nach eine herausgehobene soziale Stellung. Die geringe Beteiligung der Samurai an sozialen und politischen Protestaktionen spricht ebenfalls dafür, daß sich die Mehrheit mit den Veränderungen abzufinden bereit war. Die Hilfsprogramme der Regierung federten soziale Härten ab und wurden positiv aufgenommen und umgesetzt. Der überaus hohe Anteil der *shizoku* in der Bürokratie war ein Ausweis sowohl für die persönliche Leistungsbereitschaft als auch für die nationale Gesinnung dieser neuen Elite. Unzweifelhaft gab es auch Fälle, in denen *shizoku* in der Meiji-Zeit vor dem wirtschaftlichen Ruin standen. Das Gros konnte aber einen höheren Lebensstandard bewahren oder zurückgewinnen. Zwischen 1860 und 1890 hat sich der Anteil der *shizoku* in Politik, Verwaltung und Wirtschaft sogar verdoppelt, während die Bedeutung des Hochadels drastisch zurückging. Der Grund dafür war, daß auch Männern aus dem Bürgerstand, die im Verlauf der Meiji-Zeit ein hohes Amt bekleideten, der *shizoku*-Status zuerkannt wurde. Erst nach der Jahrhundertwende verlor dieser an Bedeutung, weil in den Familienregistern die Klassifikation der *heimin* («gemeines Volk» für die bürgerlichen und bäuerlichen Schichten) fallengelassen wurde. Damit ging ein wichtiges Abgrenzungskriterium verloren. Zudem gab es immer wieder parlamentarische Initiativen, den Rang der *shizoku* gesetzlich abzuschaffen; sie blieben erfolglos. Der Anteil der *shizoku* an den Funktionseliten sank aber zwischen 1920 (47 %) und 1936 (28 %) stark ab. Formell blieb der *shizoku*-Rang bis zur Nachkriegsverfassung von 1947 bestehen. Quantitative Untersuchungen zu sozialen Strukturveränderungen der japanischen Elite haben gezeigt, daß noch im Jahre 1969 21 % des Führungspersonals in Politik, Wirtschaft und Verwaltung aus Familien ehemaliger Samurai bzw. *shizoku* stammten.

IX. Das Erbe der Samurai

«Der Weg des Kriegers» (bushidô) im modernen Japan

Was für die Samurai als sozialen Stand galt, nämlich die Umwandlung in eine funktionale Leistungselite und ihre Integration in die moderne Gesellschaft, läßt sich mit gutem Recht auch für die Ideologie des alten Kriegerstandes sagen. Die Morallehre der Samurai, so wie sie in der Edo-Zeit von verschiedenen konfuzianischen Denkern entwickelt wurde, behielt auch unter den Bedingungen von Industrialisierung und Kolonialisierung ihre Gültigkeit; aber sie wurde den neuen Verhältnissen angepaßt und in diesem Zusammenhang zu neuem Leben erweckt. Dabei hat sich insbesondere der christliche Gelehrte und Politiker Nitobe Inazô hervorgetan. Im Jahre 1862, also am Vorabend der Restauration geboren, war er in seiner Jugend stark vom japanischen Freikirchentum Uchimura Kanzôs beeinflußt worden. Er studierte in Deutschland und Österreich, schloß sich dann während eines Aufenthalts in den USA den Quäkern an und schrieb dort ein Buch, das 1899 zuerst in englischer Sprache veröffentlicht wurde und seinen Ruhm auch außerhalb Japans begründen sollte: «Bushidô. The Soul of Japan».

Das Buch erschien zu einem Zeitpunkt, an dem sich Japans Stellung in Ostasien nach dem siegreichen Krieg gegen China 1894/95 grundlegend gewandelt hatte. Japan war nun die neue Großmacht in Ostasien, die auch die Aufmerksamkeit der westlichen Staaten auf sich zog. In diesem Sinne war das Buch vor allem an westliche Leser gerichtet, denn es ging Nitobe als einem christlichen, international ausgerichteten Liberalen darum, der Welt sein eigenes Land nahezubringen. Nitobe erzählte in «Bushidô» die Geschichte des japanischen Schwertadels und fragte nach seiner Bedeutung für die japanische Gesellschaft in Gegenwart und Zukunft. Er ließ sich dabei weniger auf die militärischen Qualitäten der Samurai ein, sondern beschrieb eher die zeitlose Wertorientierung sowie die gefühlsmäßige Disposition der Samurai. Rechtschaffenheit und Mut, Wohltätigkeit und Ehrgefühl, Loyalität und Selbstkontrolle – das waren für ihn die herausragenden Merkmale des *bushidô*. Bezeichnend war, daß er diesen nicht mehr als eine Ideologie für eine Elite, sondern als eine Zivilreligion verstand, die gegenüber den materiellen und kulturellen Einflüssen des Westens ein spirituelles und emotionales Gegengewicht bildete. Darin lag für Nitobe die eigentliche Qualität und der bleibende Wert des *bushidô*. Die Frage, ob dieser moralische Kodex auch unter den Bedingungen der Moderne fortbestehen könne, beantwortete Nitobe deshalb klar: «Bushido was and still is the animating spirit, the motor force of our country» (Nitobe 1905: 171).

In diesem Sinne ist der *bushidô* nach 1900 fortgeschieben worden. Daß er ein Stück politisch-kultureller Ideologie war, mag man beispielsweise an seiner Instrumentalisierung für die

Ziele Japans im Krieg gegen Rußland von 1904/05 ablesen. Staat und Militärführung bemühten sich in diesem Krieg, den Gedanken des «patriotischen Soldaten», der den «ehrenvollen Tod auf dem Schlachtfeld» (*meiyo no senshi*) suche, populär zu machen. Das war, wie die Historikerin Shimazu Naoko gezeigt hat, ein vergebliches Unterfangen: Den wehrpflichtigen Männern aus dem einfachen Volk war das «Hagakure» vollkommen gleichgültig. Mit dem Ehrenkodex der alten Elite mochte sich kaum jemand identifizieren.

In gewissem Sinne galt dies auch vier Jahrzehnte später für die berühmten Kamikaze-Piloten. In der Bewertung ihres Engagements sollte man sich allerdings vor Pauschalurteilen hüten. Zum Teil weisen die Tagebücher und Briefe der jungen Flieger auf eine Todesbereitschaft hin, wie sie dem Idealbild eines Samurai entsprach. Einem Flieger, der an der Sinnhaftigkeit der Kamikaze-Strategie zu zweifeln begann, wurde von einem Kameraden, etwas naiv und konfus, der alte Samurai-Kodex vorgehalten: «Du nimmst dein Leben zu wichtig. Stell dir vor, die ganze Welt würde verschwinden, nur du nicht. Wolltest du dann wirklich weiterleben? Wenn das Leben eines Menschen irgendeinen Sinn hat, dann liegt das nur an seinen Beziehungen zu anderen Menschen. Daraus entspringt das Prinzip der Ehre. Das Leben beruht auf dieser Idee, wie man am Lebenswandel unserer Ahnen, der Samurai, sehen kann. Das ist der Kern des Bushidô.» Diesen Standpunkt haben aber längst nicht alle Kamikaze-Piloten geteilt. Auf viele junge Männer wurde ein starker sozialer Druck ausgeübt. Es kann, wie wir aus den Erinnerungen von Überlebenden wissen, keine Rede davon sein, daß alle Piloten voller Begeisterung für den *tennô* und das Vaterland in ihre Maschinen gestiegen sind; die meisten flogen dem Tod mit trauriger Verzweiflung entgegen.

Vor dem Hintergrund der nationalistisch-militaristischen Aneignung des *bushidô* vor und während des Krieges überrascht es nicht, daß der Ehrenkodex der Samurai nach 1945 diskreditiert war. Er spielte weder in der politischen Diskussion noch in der Wissenschaft eine Rolle. Erst in den 1950er Jahren tauchte das Thema der Samurai oder des *bushidô* wieder auf, und zwar im

Bereich der Massenmedien und der Populärkultur, und dort vor allem im japanischen Nachkriegsfilm.

Helden der Leinwand.
Der Samurai-Film als cineastisches Genre

Der historische Film in Japan wird in der Regel nach chronologischen Gesichtspunkten klassifiziert: Filme, die Themen der Jahre vor der Meiji-Restauration von 1868 behandeln, bezeichnet man als *jidaigeki* (wörtl. «Periodendramen»), die anderen mit modernen Inhalten als *gendaimono* (wörtl. «Gegenwartsstoffe»). Unter den historischen Filmen des ersten Typs nehmen die Samurai-Filme einen besonderen Rang ein. Ihr Kennzeichen ist, daß sie in einem historischen Milieu der alten Feudalgesellschaft angesiedelt sind und Konflikte zeigen, die auf dem Weg der Gewalt gelöst werden. Ihre Helden zeichnen sich in allen Fällen durch die vollkommene Beherrschung ihrer Gefühle aus und agieren im geschlossenen Wert- und Ordnungssystem der feudalen Gesellschaft. Die in den Filmen beschriebenen Konflikte werden auf zwei unterschiedlichen Ebenen ausgetragen, auf einer gesellschaftlichen und auf einer persönlichen.

Auf der gesellschaftlichen Ebene werden häufig Kämpfe um Macht und Einfluß zwischen zwei Parteien dargestellt, die einen nahezu gleichen Rang in der sozialen Ordnung bekleiden. Ein anderes Thema stellen Normverstöße von Außenseitern dar, die in einen Loyalitätskonflikt geraten, der sich durch ihre persönliche Bindung an einen Herrn und ihre Teilhabe an der herrschenden Ordnung ergibt; in einem Fall sind sie Diener (*samurai* im engeren Sinne des Wortes), im anderen Fall Herren (*shi*). Das Bündnis von Samurai mit anderen gesellschaftlichen Gruppen, wie beispielsweise den Bauern, wird im japanischen Film nur selten thematisiert. In diesen wenigen Fällen, wie etwa im Film «Shichinin no samurai» («Die sieben Samurai») von Kurosawa Akira aus dem Jahre 1954, ist der Samuraifilm beim Publikum besonders erfolgreich gewesen. Der genannte Film wird noch heute zu den beliebtesten japanischen Filmen der Nachkriegszeit gezählt. Auf der persönlichen Ebene kommt es in den

Samuraifilmen häufig zu Konflikten, in denen sich der Held ent-
scheiden muß, ob er seinen Pflichten (*giri*) nachkommt oder
ob er seinen menschlichen Gefühlen (*ninjô*) (der persönlichen
Treue zu seinen Kameraden oder der Liebe zu einer Frau) folgen will. Immer entscheidet er sich für die Pflicht. Damit rettet
er die soziale Ordnung und wird gleichzeitig zu einem tragi-
schen Helden.

Man kann die Samuraifilme selbst wieder nach Maßgabe historischer Kriterien beschreiben. Dabei markiert das Jahr 1945
sicherlich eine Zäsur. Insbesondere in den Kriegsjahren spielte
der Samuraifilm eine große Rolle, weil er den «Weg des Kriegers» in den Kinos einem breiten Publikum nahebrachte. Ein
großer Erfolg war 1941/43 Mizoguchi Kenjis filmische Adaption der Legende von den 47 Samurai. «Genroku chûshingura»
kann aber nicht einfach als Anpassung an den militaristischen
Geist der frühen 1940er Jahre gesehen werden; dafür hielt sich
der Film viel zu genau an die historischen Vorlagen. Allein die
Wahl des Themas war dazu angetan, die Loyalität und das
Pflichtgefühl der Massen, unter den Bedingungen des totalen
Kriegs und einer fragwürdigen Herrschaftselite gegenüber, zu
konservieren oder gar zu verstärken. Das persönliche Schicksal
der *rônin* spielte deshalb bei Mizoguchi eine nur untergeordnete
Rolle; eher waren sie Teil eines historischen Prozesses, den der
einzelne auch in der Solidarität der Gruppe nicht mehr zu beeinflussen vermochte. Ôishi Kuranosuke, der Anführer der treuen
Vasallen, bringt seine Loyalität in diesem Film nicht einer Person gegenüber zum Ausdruck, sondern erweist der Institution
der feudalen Herrschaft gegenüber Respekt. Sein Handeln bis
zum *seppuku* ist nicht mehr, wie in den literarischen Vorlagen,
von sentimentalen Affekten in der Erinnerung an seinen eigenen
Herrn mitbestimmt, sondern Ergebnis seiner formalen Unter-
werfung unter eine höhergestellte Autorität.

Von 1945 bis 1949 griffen die amerikanischen Besatzungsbe-
hörden mit strengen Zensurmaßnahmen in die Arbeit der Film-
schaffenden in Japan ein. Samuraifilme, die die Geschichte der
47 *rônin* zum Thema hatten, wurden für mehrere Jahre verboten, da sie für die Behörden ein Ausweis für das Fortbestehen

feudaler Beziehungen waren und den Rachegedanken wachhielten. Schwertszenen durften nirgendwo nachgestellt werden, da sie nach amerikanischer Auffassung Gewalt verherrlichten, was der Politik einer Pazifizierung und Demokratisierung der japanischen Gesellschaft abträglich gewesen wäre. Das Genre selbst blühte deshalb erst nach Lockerung der Zensur 1949 und vollends nach dem Ende der amerikanischen Besatzung 1952 wieder auf. Verschiedene Typen von Samuraifilmen existieren dabei nebeneinander: die sogenannten Schwertfilme als action movies (z. B. in den verschiedenen filmischen Umsetzungen von Episoden aus dem Leben Miyamoto Musashis), der anti-feudale Samuraifilm mit einem deutlichen, sozialkritischen Gegenwartsbezug (z. B. in Kobayashi Masakis «Seppuku» aus dem Jahre 1962) und der sentimental-realistische Samuraifilm.

Für den letzten Typus ist Kurosawas «Die sieben Samurai» das beste Beispiel. Er hat das japanische Publikum deshalb so bewegt, weil es seine Sympathien lieber dem gescheiterten Außenseiter schenkt als dem idealen Kriegerfürsten. Der Film Kurosawas ist auch im Westen der bekannteste und erfolgreichste Samuraifilm, aber er ist aus mehreren Gründen für das Genre nicht unbedingt typisch. Im Gegensatz zu den meisten anderen Filmen spielt er nicht in der Edo-Zeit, sondern in der Zeit des hundertjährigen «Bürgerkriegs». Seine Samurai sind herrenlose, verwahrloste Krieger, keine berittenen *bushi*. Sie helfen einem Dorf, das von armen Bauern bewohnt wird, gegen eine Übermacht von Banditen. Die Reste ihres ehemals aristokratischen Habitus erscheinen nur noch als Karikatur. Nicht zuletzt deshalb werden sie vom Publikum gemocht, denn die Helden des Films, allen voran der in der Rolle des Kikuchiyo glänzende Mifune Toshirô, tragen tragikomödiantische Züge. Ihr Handeln als Samurai äußert sich in ihrem Eintreten für eine gerechte Sache. In diesem Sinne setzen sie sich für etwas ein, wohl wissend, daß sich dies für sie am Ende nicht auszahlen wird, kurz: sie folgen ihrem «Weg». Einige werden dabei getötet, andere verlassen das Dorf so arm, wie sie gekommen sind. Nur die Bauern bleiben als die eigentlichen Sieger zurück.

www.samurai.com
Die Wirtschaft als Kriegsschauplatz

Man kann nur darüber spekulieren, warum die «Bayerischen Motoren Werke» im Juni 2002 für den Ausbau ihres Händlernetzes in Japan eine Anleihe aufgelegt haben, die den Namen «Samurai-Anleihe» trägt. Angesichts der seit fast zehn Jahren andauernden Rezession in Japan verlangt der Einstieg in ein solches Papier neben den entsprechenden pekuniären Mitteln auf jeden Fall Mut und Risikobereitschaft, also Eigenschaften, die den Samurai in besonderem Maße seit alters her zugeschrieben werden. Ganz bewußt wird hier von einem in Japan sehr anerkannten deutschen Unternehmen die kulturelle und historische Tradition Japans bemüht.

Der Anschluß könnte gelingen, denn Soziologen und Meinungsforscher sind sich seit langem darin einig, daß sich die Werte des alten Kriegerstandes in der modernen japanischen Gesellschaft keineswegs verloren haben, sondern sie die Verhaltsformen der Eliten und oberen Mittelschichten weiterhin beeinflussen. Insbesondere in der großen Debatte der 1980er Jahre über die kulturelle Einzigartigkeit der Japaner (*nihonjinron*) war der Rückbezug auf das Erbe der Samurai unübersehbar. Soziologen wie Masatsugu Mitsuyuki haben die moderne japanische Gesellschaft gar als «Samurai-Gesellschaft» bezeichnet. Sie zeichne sich durch vier strukturelle Besonderheiten aus: durch einen auf die Gruppe bezogenen Individualismus, einen pragmatischen Umgang mit der Religion, das Senioritätsprinzip und ein feudal-kapitalistisches System.

Diese vier Strukturelemente hängen miteinander zusammen. Dies ist vielleicht am deutlichsten sichtbar in der vertikalen Struktur sozialer Beziehungen, die Nakane Chie vor Jahren zum Thema eines mittlerweile berühmten Buchs gemacht hat. Darin weist sie bei der Analyse sozialer Herrschaftsverhältnisse auch auf die Geschichte der 47 Samurai hin und erklärt, warum Loyalitätsbindungen in Japan nie allein rational-vertraglicher Natur waren, sondern sehr viel mehr emotional geprägt sind: «Gleichgültig wie reich und mächtig, wie glänzend begabt oder welche

Art Persönlichkeit jemand ist, wenn er nicht fähig ist, seine Anhänger emotional zu gewinnen und sie in vertikalen Beziehungen an sich zu binden, so kann er kein Führer werden» (Nakane 1985: 101). Die Idealgestalt eines Führers sei deshalb in Japan nicht Napoleon, sondern Ôishi Kuranosuke, der Anführer der 47 *rônin*.

Wie stark die Gesellschaft des modernen Japan insbesondere in den ersten Nachkriegsjahren noch von Leitbildern der alten Samurai geprägt war, zeigt sich vielleicht am deutlichsten an den alten Familienstrukturen und an den neuen Firmenorganisationen. Kritiker des japanischen «Familienstaats» haben dabei vor allem auf die Zählebigkeit der Familiendoktrin des Schwertadels hingewiesen, die den Mann auch unter den Bedingungen der modernen Industriegesellschaft zum «Patriarchen» macht und seine dominierende Rolle in der Familie sowie gegenüber Frau und Kindern fortschreibt. Diese autoritäre Rolle des Familienvaters lebt auch außerhalb der Familie fort und wird in männerbündischen Zusammenschlüssen weiter kultiviert. Frauen kommen in dieser Welt nur am Rande oder als Außenseiter vor. Öffentlicher Einfluß oder gar Macht werden ihnen nur in seltenen Fällen zugebilligt.

Auch wenn das Idealbild des loyalen und aufopferungsbereitten «sararîman» in den Jahren der Rezession zweifellos an Glanz verloren hat, hat man den Eindruck, daß sich im Westen der Typus des erfolgreichen japanischen Geschäftsmanns noch als Vorbild erhalten hat. Die Faszination, die vom schnellen Wiederaufbau nach dem Kriege und dann vom Aufstieg Japans zur zweitgrößten Volkswirtschaft der Welt seit den 1970er Jahren ausging, wirkt bei uns noch stärker nach. Bücher über den «Wallstreet-Samurai» oder ein «Hagakure für Führungskräfte» verkaufen sich nach wie vor gut. «Samurai.com» ist keine Fiktion, sondern die virtuelle Adresse einer erfolgreichen amerikanischen Firma für Unternehmensberatung. Furchtlosigkeit und Konsequenz, Gelassenheit und Flexibilität, Achtsamkeit, Loyalität und innere Kraft werden in Schriften von zweifelhafter Qualität gerne als «die sieben Wege des Kriegers im gnadenlosen Wettbewerb» herausgestellt. Meistens werden damit exotische Klischees bedient. Die ökonomische und soziale Wirklichkeit in Japan hat sie längst hinter sich gelassen. Die alten Loyalitätsverhältnisse sind angesichts des Zusammenbruchs der «bubble economy» Anfang der 1990er Jahre aus dem Gleichgewicht geraten. Statt dessen erinnern die zahlreichen Selbstmorde von japanischen Politikern und Managern, die der Korruption überführt wurden, an die dunklen Seiten der alten Samuraitraditionen. Das stolze Erbe des japanischen Kriegeradels lebt heute eher in den zahlreichen historischen Festivals fort. Eines davon, der «Chûshingura Walk», führt am 15. Dezember eines jeden Jahres 47 kostümierte Männer von der Ginza zum Sengaku-ji, wo auf feierliche Weise der alten Helden gedacht wird. Dort kann sich der staunende Besucher noch einmal für einen kurzen Moment in den magischen Bann jener historischen Epochen zurückversetzen lassen, die ganz wesentlich von den Samurai als Herrschaftsstand geprägt worden sind.

Literaturhinweise

Bito, Masahide, Bushi and the Meiji Restoration, in: Acta Asiatica 49 (1985), S. 78-96

Butler, Kenneth D., The Heike Monogatari and the Japanese Warrior Ethic, in: Harvard Journal of Asiatic Studies 29 (1969), S. 93–108

Desser, David, The Samurai Films of Akira Kurosawa, Ann Arbor, Mi. 1983

Farris, William W., Heavenly Warriors: The Evolution of Japan's Military, 500–1300, Cambridge, Mass. 1992

Friday, Karl F., Hired Swords: The Rise of Private Power in Early Japan, Stanford, Cal. 1992

Gomi Fumihiko, Bushi no jidai (Das Zeitalter der Samurai), Tôkyô 2000

Hall, John W., Das Japanische Kaiserreich, Frankfurt/M. 1968 (= Fischer Weltgeschichte; Bd. 20)

– (Hg.), The Cambridge History of Japan, 6 Bde., Cambridge 1988–1999

Ikegami, Eiko, The Taming of the Samurai: Honoric Individualism and the Making of Modern Japan, Cambridge, Mass. 1995

Iwakura jikki (Der wahre Bericht des Fürsten Iwakura), Bd. 2, Tôkyô 1927

Jansen, Marius B. (Hg.), Warrior Rule in Japan, Cambridge 1995

– The Making of Modern Japan, Cambridge, Mass. 2000

Kato, Shuichi, Geschichte der japanischen Literatur, München 1990

Koike-Good, Ursula, Die Auflösung der Samuraiklasse und die Samuraiaufstände. Ein Beitrag zur japanischen Geschichte von 1869 bis 1878, Bern 1994

Ladstätter, Otto/Linhart, Sepp, China und Japan: Die Kulturen Asiens, Wien/Heidelberg 1983

Lu, David J. (Hg.), Japan: A Documentary History, New York 1997

Mass, Jeffrey P., Yoritomo and the Founding of the First Bakufu: The Origins of Dual Government in Japan, Stanford, Cal. 1999

Mishima, Yukio, Zu einer Ethik der Tat. Einführung in das «Hagakure», die große Samurai-Lehre des 18. Jahrhunderts, übersetzt von Siegfried Schaarschmidt, München 1987

Morris, Ivan, Samurai oder Von der Würde des Scheiterns. Tragische Helden in der Geschichte Japans, Frankfurt/M. 1989

Nakane, Chie, Die Struktur der japanischen Gesellschaft, Frankfurt/M. 1985

Naumann, Nelly, Kume-Lieder und Kume. Zu einem Problem der japanischen Frühgeschichte, Wiesbaden 1981

Naumann, Wolfram, Der Weg zum Samurai, in: Rolf Peter Sieferle/Helga

Breuninger (Hg.), Kulturen der Gewalt. Ritualisierung und Symbolisierung in der Geschichte, Fankfurt/M. 1998, S. 138–153

Nitobe, Inazo, Bushido. The Soul of Japan, 10. Aufl., New York 1905

Perrin, Noel, Keine Feuerwaffen mehr. Japans Rückkehr zum Schwert, 1543–1879, Stuttgart 1996

Ramming, Martin, Die wirtschaftliche Lage der Samurai am Ende der Tokugawa-Periode, Tôkyô 1928

Sato, Kanzan, The Japanese Sword, Tôkyô 1993

Schwentker, Wolfgang, Die Samurai im Zeitalter der Meiji-Restauration. Elitenwandel und Modernisierung in Japan, 1830–1890, in: Geschichte und Gesellschaft 28 (2002), S. 33–70

Shimomura Isao (Hg.), Bushi (Die Samurai), Tôkyô 1993

Silver, Alan, The Samurai Film, Woodstock, NY 1983

Storry, G. Richard, Die Samurai. Ritter des Fernen Ostens, Freiburg 1978

Tonomura, Hitomi, Women and Inheritance in Japan's Early Warrior Society, in: Comparative Studies in Society and History 32 (1990), S. 592–623

Totman, Conrad, A History of Japan, Oxford 2000

Tsunoda, Ryusaku u. a. (Hg.), Sources of Japanese Tradition, 2 Bde., New York 1964

Turnbull, Stephen R., Samurai: The Warrior Tradition, London 1996

Varley, Paul M., Warriors of Japan. As Portrayed in the War Tales, Honolulu 1994

Watanabe Kyôhi, Shinpûren to sono jidai (Die «Vereinigung des göttlichen Windes» und ihre Zeit), Fukuoka 1977

Yamakawa, Kikue, Women of the Mito Domain: Recollections of Samurai Family Life, Tôkyô 1992

Yamamoto, Tsunetomo, Hagakure. Der Weg des Samurai, 4. Aufl., München 2002

Yamamura, Kozo, A Study of Samurai Income and Entrepreneurship: Quantitative Analysis of Economic and Social Aspects of Samurai in Tokugawa and Meiji Japan, Cambridge, Mass. 1974

Yoshida Shôin shû (Die gesammelten Schriften Yoshida Shôins), Bd. 3, Tôkyô 1972

Zöllner, Reinhard, Die Ludowinger und die Takeda. Feudale Herrschaft in Thüringen und Kai no kuni, Bonn 1995

Glossar

ashigaru	Fußsoldaten
bakufu	wörtl. «Zeltregierung»; Militärregierung des shôgun von 1192 bis 1867
bushi	Krieger
bushidan	private Militärverbände der Kamakura- und Heian-Zeit
bushidô	«Weg des Kriegers»; Ehrenkodex der Samurai
chigyô	Lehen; Landbesitz eines Vasallen
daimyô	wörtl. «großer Name»; Territorialherr, in der Edo-Zeit Träger großer Lehen mit einem Ertrag von mehr als 10 000 koku
fudai daimyô	engste Vasallenfürsten der Tokugawa
gokenin	direkte Vasallen des shôgun mit beurkundetem Lehen, aber ohne Audienzrecht
gôshi	Landwirtschaft betreibende Samurai in der Edo-Zeit
gundan	Provinzregimenter des frühen Zentralstaats
han	Bezeichnung für ein Territorium unter der Herrschaft eines daimyô
hatamoto	wörtl. «Bannerträger»; direkte, hochrangige Vasallen des shôgun mit Audienzrecht
heimin	«gemeines Volk»; Bezeichnung für die Bevölkerung nach der Restauration
heishi	wehrpflichtige Soldaten in den Provinzregimentern
ie	Haus als Personen- und Wirtschaftsverband
insei	Regierung der abgedankten Kaiser
jizamurai	niedere Samurai, die sich aus der wohlhabenden Bauernschaft rekrutierten
jitô	militärischer Aufseher einer Grundherrschaft
junshi	Todesgefolgschaft (eines Vasallen nach dem Tode seines Herren)
kaihatsu ryôshu	Rodungsherr
kaishaku	Sekundant beim seppuku
kakun	Hausregeln
kanjin kizoku	Amtsadel
karô	Hausältester
katana	langes Schwert
kazoku	Hochadel ab der Meiji-Zeit
kizoku	Adel

koku	Hohlmaß; ca. 180 l
kokudaka	normaler Ertrag eines Lehens
kokuga	Regierung einer Provinz
kokujin	lokaler Magnat
kondei	wörtl. «kräftige Burschen»; Elitetruppen ab dem späten 8. Jahrhundert
kuge	Hofadel
kuni	Provinz
kuni no miyatsuko	Provinzadel des alten Japan
miyako no musha	Krieger der Hauptstadt; Abkömmlinge des Provinzadels mit besonderen militärischen Fähigkeiten
mononofu	Bezeichnung für berittene Krieger in der Heian-Zeit
nengu	Tributzahlung pro Jahr
ômetsuke	Generalinspekteure
rônin	wörtl. «Wellenmenschen»; herrenlose Samurai
rôtô	hochrangige Krieger in Begleitung der Provinzgouverneure oder des Hofadels ohne blutsverwandtschaftliche Bindung an ihre Herren
sengoku daimyô	Landesherr zur Sengoku-Zeit
seii tai shôgun	«Barbaren vertreibender großer General»
seppuku	rituelle Selbstentleibung
shizoku	niederer Adel nach der Meiji-Restauration
shôen	Grundherrschaft
shugo	Militärgouverneur
sôhei	Mönchsoldaten
sôryô	Hausvorstände; Patriarchen
tozama daimyô	«außenstehende» daimyô im Herrschaftssystem der Edo-Zeit
uji	Clans; Sippen im frühgeschichtlichen Japan

Abbildungsnachweis

Abb. 1, 6:   J. W. Hall, Das japanische Kaiserreich, Frankfurt/M. 1968
(Fischer Weltgeschichte; Bd. 20), S. 45 und S. 187

Abb. 2:   Ivan Morris, Samurai oder Von der Würde des Scheiterns,
Frankfurt/M. 1999 (Insel Taschenbuch 2515), S. 99

Abb. 3:   Marius B. Jansen, The Making of Modern Japan, Cambridge,
Mass. 2000 (The Belknap Press of Harvard University Press),
Bildtafel Nr. 7

Abb. 4:   Conrad Totman, Early Modern Japan, Berkeley 1993 (University of California Press), S. 210, 5: Shimomura Isao (Hg.),
Bushi, Tôkyô 1993 (Tôkyô dô shuppan), S. 146

Abb. 5:   Tokugawa Art Museum, Nagoya

Personen- und Ortsregister

Aus dem Verlagsprogramm

Geschichte Asiens

Isabel Hilton
Die Suche nach dem Panchen Lama
Auf den Spuren eines verschwundenen Kindes
Aus dem Englischen von Sigrid Langhaeuser
2002. 413 Seiten mit 2 Karten. Gebunden

Bernhard Dahm/Roderich Ptak (Hrsg.)
Südostasien-Handbuch
Geschichte, Gesellschaft, Politik, Wirtschaft, Kultur
1999. 684 Seiten mit 70 Abbildungen und 12 Karten. Leinen

Jürgen Osterhammel
Die Entzauberung Asiens
Europa und die asiatischen Reiche im 18. Jahrhundert
1998. 560 Seiten. Leinen
(C. H. Beck Kulturwissenschaft)

Dietmar Rothermund
Krisenherd Kaschmir
Der Konflikt der Atommächte Indien und Pakistan
2002. 150 Seiten mit 7 Abbildungen und und 5 Karten. Paperback
(Beck'sche Reihe Band 1505)

Oskar Weggel
Wie mächtig wird Asien?
Der Weg ins 21. Jahrhundert
1999. 236 Seiten. Paperback
(Beck'sche Reihe Band 1330)

Oskar Weggel
China im Aufbruch
Konfuzianismus und politische Zukunft
1997. 148 Seiten. Paperback
(Beck'sche Reihe Band 1134)

Verlag C. H. Beck München

Beck'sche Reihe Länder

Manfred Pohl
Japan
4., völlig neubearbeitete Auflage. 2002.
297 Seiten mit 30 Abbildungen und 1 Karte. Paperback
(Beck'sche Reihe Band 836)

Manfred Pohl
Kleines Japan-Lexikon
1996. 168 Seiten mit 1 Karte. Paperback
(Beck'sche Reihe Band 861)

Wolf Donner
Thailand
1996. 144 Seiten mit 8 Abbildungen und 1 Karte. Paperback
(Beck'sche Reihe Band 862)

Klemens Ludwig
Birma
1997. 191 Seiten mit 16 Abbildungen
und 2 Karten. Paperback
(Beck'sche Reihe Band 870)

Oskar Weggel
China
5., völlig neu bearbeitete Auflage. 2002.
265 Seiten mit 30 Abbildungen und 4 Karten. Paperback
(Beck'sche Reihe Band 807)

Amélie Schenk
Mongolei
Mit einem Vorwort von Galsan Tschinag
Etwa 200 Seiten mit etwa 35 Abbildungen
und Karten. Paperback
(Beck'sche Reihe Band 891)

Verlag C. H. Beck München

C.H.BECK ◼ WISSEN

in der Beck'schen Reihe

Zuletzt erschienen: